Ute Lauterbach
Spielverderber des Glücks

Ute Lauterbach

Spielverderber des Glücks

Mit Lust und Leichtigkeit loswerden, was uns am Glücklichsein hindert

Kösel

ISBN 3-466-30543-8
© 2001 by Kösel-Verlag GmbH & Co., München
Printed in Germany. Alle Rechte vorbehalten
Druck und Bindung: Kösel, Kempten
Umschlag: Kaselow, München
Umschlagmotiv: zefa visual media gmbh

*Gedruckt auf umweltfreundlich hergestelltem Werkdruckpapier
(säurefrei und chlorfrei gebleicht)*

Für Lore!

Inhalt

Prolog: Das Glück und seine Spielverderber 9

Hinleitung: Sieben Wege zum freien Kopf 21

1. Weg: Unerledigtes in der äußeren Lebenssituation erledigen ... 25

2. Weg: Unerledigtes im eigenen Innern erledigen 33
Vom Wert des Fragens 33
Sich antworten und dadurch sich selbst Wegweiser
sein (Putzanleitung) 35

Trainingscamp: Reise durch 54 Lebensbereiche (= Putzfelder) 39

Altern 40
Angst 42
Arbeit 48
Askese 51
Befriedigung
(Sucht) 52
Beziehungskorsett 55
Denken 58
Dilemma 61 ·
Distanz und Nähe 63
Druck 65
Egozentrik 67
Eifersucht 70
Einsamkeit 73
Elendsprostitution 76
Energiezocker 79
Erklärungen 81
Familienmafia 83
Flapsige Sprüche 86
Gegenwart 89
Geld 91
Genuss 93

Goldene Verhaltens-
renner 94
Grundübel 98
Handlungskonse-
quenz 101
Heimkino / Magic
Mirror 103
Hingabe 107
Je – desto 109
Kampf und
Krampf 110
Krankheit 113
Langeweile 116
Lebenskunst 117
Leere 119
Liebeslast – Liebes-
lust 120
Lösung 123
Philosophie 125
Realsein 128
Rücksichtnahme 130
Schatten 132

Schmalspurleben 135
Schmollen und
Beleidigtsein 138
Schuldgefühle 141
Selbst-Erfahrung 145
Sicherheit 150
Therapie 152
Tiefste Weis-
heiten 154
Trauern 157
Ungehorsam 159
Unglücksdünger 163
Vereinfachung 165
Vergänglichkeit und
Tod 168
Wachstum 169
Wiederholungs-
quatsch 172
Wut und Ärger 175
Ziele 177

3. Weg: Abstand statt Verwicklung **179**
Das »Ich bin« als archimedischer Punkt 181
Bewusste Dosierung des emotionalen Aufwands 186
Abstand durch Erkennen und Zurücknehmen
von Projektionen 187
Abstand durch wohlwollende Übertreibung 188
Deutungen durch fundierte Beobachtungen ersetzen 189

4. Weg: In der Gegenwart sein durch bewusstes Sprechen **192**
Vom Laberschwall zum Lebenshall – ein neues
Kommunikationsmodell 194

5. Weg: Quatsch und Unsinn machen **203**

6. Weg: Sich im Schönen, im Kunstgenuss verlieren **208**

7. Weg: Lieben und das Herz öffnen **213**

Philosophisches Hinterstübchen: Das Glück und das Sein **217**
Ein freier Kopf und die Philosophie 218
Das Sein und das Seiende 222

Ausblick **227**

Anhang **234**

Prolog:

Das Glück und seine Spielverderber

> Glaube an Grenzen, und sie gehören dir.
> RICHARD BACH

Das Glück ist Lebenselixier und Kostbarkeit. Um es zu finden und zu bewahren, ist es wichtig, seine Freunde und Feinde zu kennen. Deshalb stellen sich das Glück und seine Spielverderber zunächst einmal vor, damit wir – gut informiert – zur Glückspflege und zum Enthauptungsschlag seiner Spielverderber ausholen können.

Das Glück

Ich bin das Glück. Ich mache den Menschen weit, so dass er meint, die ganze Welt umarmen zu können. Ich gebe ihm ein fröhliches Gemüt und einen freien Kopf. Was heißt hier »gebe«? Ich *bin* des Menschen fröhliches Gemüt und freier Kopf. Ich möchte es noch krasser formulieren: Ich bin – im doppelten Wortsinn – *im Grunde* immer da. Leider kann ich jedoch meist nicht in vollem Umfang ins Erleben des Einzelnen vordringen, weil mich die kopfigen Sorgen- und Gedankenschichten verdunkeln. Erst wenn die Gedankenwolken abziehen, kann ich voll strahlen. Dann sorge ich auch für die *Glücksumstände*, denn wenn ich gut in einem Menschen verankert bin, dann fliegen meine Außendienstler ihm ganz leicht zu. Manchmal dringe ich so tief in die Herzen ein, dass

ich sogar als *Glückseligkeit* erlebt werde. Das gelingt jedoch nur selten. Überhaupt habe ich oft einen schweren Stand. Das Leben könnte, wenn man mich ließe, reinstes Spiel sein ... aber dieses herrliche Spiel wird durch so viele Unholde verdorben!
Selbst auf die Gefahr hin, dass ich mich nicht ganz verständlich ausdrücke, will ich mich im Interesse meiner Ausbreitung restlos öffnen: Ich, das Glück, bin des Menschen Bestimmung, Inbegriff und Wesen; ich bin sein Sein und kann mich nur in der Gegenwart entfalten. Die Zeit verläuft für mich nicht horizontal – also vorwärts oder rückwärts als Zukunft und Vergangenheit –, sondern vertikal als erfüllter Augenblick. Deshalb kenne ich keine Zeitprobleme, habe weder Druck oder Stress, noch lasse ich mich von der so genannten Vergänglichkeit beeindrucken.
Sehen Sie, ich bin die pure Lebensfreude. Mit »pur« meine ich, dass ich *nichts* brauche, um stark zu sein. Je mehr nichts, desto besser, denn umso geringer ist die Außendrehung der Kopfbesitzer und desto freier sind beide: Kopf und Besitzer.
Wer mir zuarbeiten will, kümmert sich am besten um einen freien Kopf, und wer mir entgegenwirken will, sollte sich in seine eigenen Gedanken verheddern und die Gegenwart auf Abstand halten. Ich bin nicht etwas, das da oder nicht da ist, sondern ich bin immer präsent, aber mehr oder weniger spürbar. Wenn ich mich bei immer mehr Menschen voll entfalten könnte, wäre sogar eine Glückseskalation von kollektivem Ausmaß die Folge, was ich großartig fände. Deshalb bin ich froh, dass Sie dieses Buch in der Hand haben, denn die Spielverderber des Glücks wollen hier ihre Machenschaften offenbaren. So hoffe ich, dass wir ihnen gemeinsam ins Handwerk pfuschen können, damit ich immer mehr Terrain gewinne.

Die Spielverderber des Glücks

Die Spielverderber unseres Glücks stellen entweder eine merkwürdige Abweichung von unserem bewussten Streben nach Glück dar, oder das Leben ist tatsächlich eine unzumutbare, kosmische Frechheit und als solche nicht glücklich zu meistern ... Wir halten es jedoch mit einer immer mehr entwickelbaren Glückskompetenz, sonst erübrigten sich Ihr Lese- und mein Schreibeinsatz.
Im Folgenden stellen sich die einzelnen Spielverderber zunächst einmal vor.

Altern
Ich bin echt stark. Das merke ich daran, dass ich gar nicht gewollt werde. Jugendkult, Prothesen, Haarfärbemittel, Antifaltencreme usw.! »Alles immer beschwerlicher machen!«, ist meine Devise. Ich verstehe mich als Vorbote des Todes. Hier ist gute Zusammenarbeit mit meiner Kollegin möglich (☞ Seite 40). Sie heißt:

Angst[*2]
Ich bin der Inbegriff von Enge und meine Hauptmasche ist: zurückhalten! »Trau dich nicht!« Zur Hochform laufe ich bei der Todesangst auf. Da verspreche ich einfach die absolute, restlose Enge!
☞ Seite 42 und *Ganz und Anders*, Seite 12ff

Arbeit
Ich scheine nicht so potent zu sein wie meine Vorgänger, aber wenn ich mit Perfektionismus, quälendem Pflichtgefühl oder mit Sucht zusammenarbeite, dann kann ich zum Verderben des Glücks auch einiges beitragen!
☞ Seite 48

Askese
Im Erfolgsfall bin ich besonders raffiniert: Ich gaukle nämlich vor, das Glück vermehren zu helfen, aber dann konzentriere

ich mich unterschwellig so auf die Lebensverneinung, dass ich mit meinem Spielverderberbeitrag durchaus zufrieden bin.
☛ Seite 51

Befriedigung (Sucht)
Ich gehöre zu den raffinierten Spielverderbern. Man kennt mich ja als Bestandteil des Glücks – und genau diesen Umstand schlachte ich geschickt aus: Ich locke die Leute auf eine falsche Spur und hetze sie dann Richtung »Befriedigung«. Mein Superknüller ist einfach auszubleiben und weiterzuhetzen! Die Fehlspuren werden von Kollegen besetzt; sie heißen: Sucht, Leistungswahn, überzogene Ideale.
☛ Seite 52

Beziehungskorsett
Mir steht die Goldmedaille für Raffiniertheit zu. Für die Menschen gehören glückliche Beziehungen zu den Highlights. Und mein Trick ist dann, mich in diese Highlights hineinzuwurmen. Das fällt mir ziemlich leicht; ich lasse einfach alles, was in der Kindheit und Jugend schwierig war, wieder aufleben. Manche haben mich durchschaut und versuchen, mir durch »Wachstumsbeziehungen« zu entkommen. Das ist ein wenig schwächend für mich.
☛ Seite 55

Denken
Eigentlich leiste ich dem Glück recht gute Dienste, möchte jedoch nicht versäumen, mich auch als sein Spielverderber vorzustellen; wenn ich nämlich als Grübelhamster im Rädchen drehe, auf der Stelle trete oder einfach zu viel bin, dann bin ich dem Glück durchaus abträglich. Zur Hochform laufe ich auf, wenn ich Blickwinkel verfestige und so falsche Deutungen hervorzaubere!
☛ Seite 58

Dilemma
Mein Schwerpunkt liegt im Untermauern von Ausweglosig-

keit. Für die Entscheidungsschwachen bin ich die Krönung der Qual.
☞ Seite 61

Distanz und Nähe
Wir sind in unserem Teamwork unschlagbar. In Partnerschaften, unserem Hauptbetätigungsfeld, gehen wir sehr gerne arbeitsteilig vor. Das heißt, einer der Partner wird vom Distanzpol versorgt, um den andern kümmert sich dann der Nähepol. So inszenieren wir unser Lieblingsdrama, genannt »Fliehen und Klammern«. Wir kriegen sogar bestes Liebesglück klein!
☞ Seite 63

Druck
Also ich bin auch nicht schlecht! Meine Glanzleistung besteht darin, jegliches Entspannen in der Gegenwart zu verhindern. Ich kann zwar als unbestimmtes Gefühl auftreten – sogar chronisch –, aber in der Regel bin ich ein Mitarbeiter von Anspruchsdenken, Angst vor Liebesverlust, Perfektionismus, irrealen Zielen oder Erwartungen.
☞ Seite 65

Egozentrik
Ich werde im Allgemeinen unterschätzt und obendrein viel zu oft mit Egoismus verwechselt. Das stinkt mir natürlich, zumal ich glaube, dass ich die Grundlage all der anderen Spielverderber bin. Mir ist nämlich zu verdanken, dass die Leute alles persönlich nehmen. Und deshalb piesacken zum Beispiel Alterserscheinungen, Verletzungen und Untreue. Kurzum: Ich verhindere, dass der Unglücksaspirant Abstand von sich nehmen kann. Auf diese Art verschweiße ich die miesen Umstände mit ihm.
☞ Seite 67

Eifersucht*
Ich bin kein kleines Ärgernis, sondern ich gehe aufs Ganze, indem ich meinen Opfern das Gefühl vermittle, abgemeldet

oder zweite Wahl zu sein. Mit Minderwertigkeitsgefühlen kann ich spitzenmäßig kooperieren.
☞ Seite 70 und *Ganz und Anders,* Seite 28ff

Einsamkeit
Manchmal werde ich als Spielverderber missverstanden, wenn ich mit einsamer Weite oder ähnlichen Abhebflausen in Zusammenhang gebracht werde. Dabei kann ich mit absoluter Bezugslosigkeit geißeln. Die Menschen fallen unter meiner Führung komplett aus dem Kosmos, und es bleibt keine Spur von Glück.
☞ Seite 73

Elendsprostitution
Ich bin eine Art Virus und sorge für Ansteckung! So kann Elend durch Jammerei viel breiter streuen. Ist zum Beispiel jemand gut drauf, dann bemühe ich mich, ihn einfach runterzuziehen.
☞ Seite 76

Energiezocker
Man nennt mich auch »Sauger«. Ich docke bei Leuten mit Energie oder Lebensfreude an und sauge ihnen diese einfach ab, indem ich Menschen auf sie anspitze, die mies gelaunt, übertrieben weitschweifig, unzuverlässig, grantig und unklar sind. Mein Beitrag zum Verschwinden des Glücks ist nicht zu unterschätzen!
☞ Seite 79

Erklärungen
Vielleicht wundern Sie sich, mich unter den Spielverderbern des Glücks zu finden. Das liegt daran, dass meine diesbezüglichen Fähigkeiten ziemlich unentdeckt sind. Ich gehe mehr indirekt vor: Durch uferlose Ausbreitung meiner selbst vereitle ich das Zustandekommen konstruktiver Taten. Einer meiner beliebtesten Rundgänge: mit langatmigen Darlegungen Einsicht hervorrufen, wodurch Hoffnung geweckt wird –

dann die Hoffnung unerfüllt lassen, was erneut zu langatmigen Darlegungen führt und so weiter!
☞ Seite 81

Familienmafia
Ich bin einfach der Hit! Ich fungiere als Sippengedächtnis und alles, was nicht wirklich erledigt ist, bewahre ich und reiche es von Generation zu Generation weiter. Man könnte mich nachtragend nennen. Das gesamte Unglück trage ich nach: massive Ungerechtigkeiten, Ängste, Depressionsneigungen, Süchte, sogar Selbstmorde. Ich verwalte den alten Schrott und denke mir nie Neues aus. Wird beispielsweise in einer Familie durch monatelanges Schweigen und Kontaktabbruch gestraft, dann gebe ich genau diese Bestrafungsmaßnahmen an die jüngere Generation weiter.
☞ Seite 83

Geld
Eigentlich bin ich nur nützlich, aber via Armutsbewusstsein, Reichtumsdünkel sowie materielle Fixierung leiste ich ebenfalls einen netten Beitrag zur Glücksverderbnis.
☞ Seite 91

Grundübel
Mir gelingt es, dass der Mensch sich selbst überdrüssig wird und dass er mit der Zeit, der er ewig nachjagt, nichts wirklich Befriedigendes anzufangen weiß.
☞ Seite 98

Hass*
Ich garantiere Unglück durch leidenschaftliches Festhalten am Destruktiven. So bewirke ich, dass die Vergangenheit einen höheren Aktualitätsgrad als Gegenwart und Zukunft gewinnt. Chronifiziert garantiere ich als Bitterkeit Unglück.
☞ *Ganz und Anders*, Seite 83ff

Heimkino/Magic Mirror
Ich bin einer der interessantesten Unglücksgaranten! Meine Vorgehensweise ist subtil und heimtückisch. Man könnte mich mit einem Zerrspiegel im Bewusstsein der Menschen vergleichen; allerdings mit dem besonders interessanten Nebeneffekt, dass die Zerrbilder, die ich zeige, nicht als solche entlarvt werden, sondern für eine korrekte Abbildung der Realität gehalten werden. So erreiche ich zum Beispiel, dass Käthe die volle Wucht einer Eifersucht auf Erika durchmacht, obwohl Erika in Wirklichkeit keine Nebenbuhlerin ist.
☛ Seite 103 und außerdem das Kapitel »Projektion« in *Ganz und Anders*, Seite 132ff

Kampf und Krampf
Wir sind ein bewährtes Duo, wir locken einander hervor und verstärken uns gegenseitig. Wenn wir zum Beispiel jemanden krampfig in einen Seelenstau bannen, dann flammen sofort Wut oder Verzweiflung auf, die zu innerem oder äußerem Kampf führen.
☛ Seite 110

Krankheit
Schopenhauer hat mich gut durchschaut, als er schrieb: »Gesundheit ist nicht alles, aber ohne Gesundheit ist alles nichts.« Ich gehöre zu den ganz großen Verderbern des Glücks, denn wenn ich mich richtig breit mache, versiegen in einem Rundumschlag viele Glücksquellen.
☛ Seite 113

Langeweile
Ich fülle eine Lücke. Wenn die Leute nämlich mal grad keine Probleme oder drängenden Verpflichtungen haben, dann komme ich groß raus! Genau in dem Moment, wo sie ihrer Lust folgen, ihren Hobbys frönen, sich einfach nur treiben lassen könnten, genau dann stelle ich mich ein und vermittle Gefühle wie Überdruss, Sinnlosigkeit und Antriebslosigkeit.
☛ Seite 116

Liebeslast
Die Liebeslust ist ein eindeutiger Glücksfaktor, meine Aufgabe besteht jedoch darin, sie zu verderben. Das gelingt mir meist dadurch, dass ich die Angst vor dem Verlust des Liebesglücks schüre, um so zu erreichen, dass die Liebenden beispielsweise beginnen, durch den Kopf des Partners zu denken und ihre eigenen vitalsten Bedürfnisse und Wünsche komplett zu vernachlässigen. Bei den Beziehungsscheuen gehe ich natürlich anders vor: Ich verstärke ihre Tendenz, sich nicht einlassen zu wollen, wodurch das volle Ausmaß der Liebeslust bereits im Vorfeld vereitelt wird.
☞ Seite 120

RückSichtnahme
Unter dem Deckmäntelchen moralischer Hochwertigkeit bewirke ich, dass die Leute sich zurücknehmen und sich dabei sogar noch toll vorkommen. Dafür verderbe ich ihre Lebensfreude mit Groll und Neid auf all jene, die sich nicht zurücknehmen.
☞ Seite 130

Schatten
Ich bin unsichtbar und habe die Unglücksfäden fest in der Hand. Ich beherberge alle Persönlichkeitsanteile, die ein Mensch nicht leben durfte und auch jetzt nicht leben darf. In meiner Dunkelkammer mache ich diese Persönlichkeitsanteile stark und böse. Ich bin sozusagen der rebellierende Dreck, der unter den Teppich gekehrt wurde. Als Breitbandantifortunatikum sorge ich für Fehlleistungen, Sabotage, Süchte, misslingende Kontakte, Wiederholungszwänge, Projektionen, falsche Wahrnehmung oder Missverständnisse.
☞ Seite 132

Schmalspurleben
Ich bin das, was übrig bleibt, wenn die diversen Glücksverhinderer am Werke waren.
☞ Seite 135

Schmollen und Beleidigtsein*
Ich bin Spitzenklasse! Durch irgendeine Verletzung komme ich zum Vorschein und dann ziehe ich mein Opfer einfach in den Rückzug, schneide es vom Kontakt ab, halte seine Konzentration auf die Verletzung gerichtet, lasse es Wiedergutmachungsangebote ausschlagen und versuche, es so lange wie möglich in die Einzelhaft des Schmollens zu bannen. Diese Glücksverdunkelung gelingt mir für Minuten, aber auch für Jahre! Wenn das kein Erfolg ist!
☞ Seite 138 und *Ganz und Anders*, Seite 25ff

Schuldgefühle*
Mich gibt's in mehreren Ausführungen. Wenn ich als Unglücksstifter aktiv bin, nennt man mich abschätzig »neurotisch«. Tatsache ist, dass ich sehr gute Arbeit leiste: Ich kann im Vorhinein Schönes im Keim ersticken oder es im Nachhinein vermiesen. Ich sage einfach: »Du sollst nicht, bzw. du hättest nicht sollen!« Je restriktiver die Maßstäbe, deren emotionale Repräsentation ich bin, umso größer sind meine Erfolge.
☞ Seite 141 und *Ganz und Anders*, Seite 144ff

Sicherheit
Ich gebe zu, bessere Kollegen zu haben. Eigentlich bin ich nur im Übertreibungswahn potent. Die Angst ist meine beste Mitarbeiterin. Wenn zum Beispiel jemand aus Sicherheitsgründen nicht mehr das Haus verlässt, dann erfüllt mich eine gewisse Genugtuung.
☞ Seite 150

Unglücksdünger
Das Unglück wächst ganz von selbst, da hab ich keine Sorge. Mein Anliegen ist vielmehr, sein kräftiges Gedeihen und Sprießen zu fördern. Das erreiche ich, indem ich Negatives besonders betone und Positives zumindest abschwäche.
☞ Seite 163

Vergänglichkeit und Tod
»The game is up!« »Das Spiel ist (irgendwann) vorbei«, so unsere ganz schlichte Botschaft. Unser Unglücksbeitrag gelingt leider nicht immer. Wir müssen einer geschickten Wegnehmstrategie folgen, sozusagen Zahn um Zahn Verlust bringen und möglichst Panik auslösen. Dieser Erfolg ist jedoch vereitelt, wenn wir als Intensität und Sinnfindungsimpuls verstanden werden ... Aber insgesamt dürften wir zu den Spitzenkandidaten in der Unglücksförderung zählen.
☛ Seite 168

Wiederholungsquatsch
Ich bin der »Repeater-Effekt« – nicht besonders einfallsreich, aber wirkungsvoll. Ich sorge einfach dafür, dass sich Unerledigtes wiederholt. Manchmal riechen die Leute zwar Lunte und wollen mich dann irgendwie ausschlachten, um ihr Unglück zu mindern, aber meistens bin ich eher zermürbend und verfestige negative Einstellungen.
☛ Seite 172

Wut*
Ich feiere immer Vier- bis Fünffachfeste im Unglückstheater: Erster Verstimmungsknüller ist das, was mich auslöst, zweiter Knüller, dass ich wütend in herrlicher Selbstvergiftung gegen den Auslöser aufbegehre, drittens, dass durch mich niemals eine Lösung herbeigeführt wird, viertens verpeste ich auch noch in meinem Umfeld die Stimmung, was wiederum fünftens zu herrlichen Bumerangeffekten führt.
☛ Seite 175 und *Ganz und Anders*, Seite 186ff

So weit die Vorstellung der Spielverderber des Glücks. Das Ärgerlichste an ihnen: Es gibt sie, und sie belagern unser Denken und Fühlen. Im Extremfall kreisen wir mental und emotional immer wieder um unsere persönlichen Spitzenkandidaten. Das trübt nicht nur unsere Lebensfreude, auch Kopf und Herz sind nicht frei. Deshalb verfolgt dieses Buch zwei Ansätze, unsere Glückskompetenz zu steigern:

1. Wir betrachten Wege zum freien Kopf, die alle als Zubringer zum Glück dienen und deren Wirksamkeit jeder aus eigener Erfahrung bestätigen wird.
2. In einem Trainingscamp (zweiter Weg) wird einerseits abgeklopft und eingeübt, wie sich ganz spezielle Landeflächen für unser Glück ausfahren lassen,  andererseits werden aber auch Landeflächen runtergeklappt;  und zwar die, auf denen sich die Spielverderber unseres Glücks gerne breit machen.

Unsere strategische Doppelspur zum Glück hat also zum einen das Ziel, seine Spielverderber fleißig auszuhungern, zum andern geht es darum, dass wir uns mehr und mehr dem Glückssprudelquell – nämlich einem freien Kopf – nähern.

Hinleitung:

Sieben Wege zum freien Kopf

> Es muss im Leben mehr als alles geben!
> MAURICE SENDAK

»Ich würde ja, wenn ich nicht, aber ich muss noch ...« Ja, wenn wir den Kopf frei hätten, wenn das Leben nicht so aufdringlich wäre, wenn die Sachzwänge nicht mehr so überzeugten, dann stünde uns oder unserem Glück nichts mehr im Wege – auch wir selbst nicht. »Freier Kopf« steht hier für unbelastetes Bewusstsein, leichtes Herz und ein Glück, das sogar in Richtung Glückseligkeit mutieren kann. Die sieben Wege sind:

1. *erledigen*, was wirklich ansteht,
2. *sich antworten*, um herauszufinden, wie Aufdringliches oder Bedrängendes (auf)lösbar ist,
3. *über sich hinauswachsen*, um den Umzug in ein weniger verwickeltes Bewusstsein anzubahnen,
4. *gegenwartsbezogen und lebensnah kommunizieren*,
5. *sich kaputtlachen* durch Quatsch und Unsinn machen,
6. *sich konstruktiv verlieren* im Schönen, das heißt im künstlerischen Schaffen und im Kunstgenuss,
7. *sich und andere lieben*, so viel wie möglich.

In Wirklichkeit ist nämlich alles ganz einfach, nur unser Kopf macht es oft so schwierig. Und zwar immer dann, wenn wir uns Sorgen machen, uns ärgern, uns bei Gemeinheiten und Ungerechtigkeiten festbeißen. Kurz: wenn die Spielverderber

des Glücks bei uns landen und wir emotional einsteigen. Diese Emotionen werden zum Treibstoff unserer Gedanken. Solche Gedanken sind ein verhängnisvolles Gefängnis, sind Dreckablagerungen auf unserer Hirnplatte. Sie haben nichts mehr mit praktischer Alltagsbewältigung zu tun, sondern sind INNERES[3] HEIMKINO, ein Film, und zwar ein SCHMUTZFILM auf dem dahinter stehenden UNGETRÜBTEN GEWAHRSEIN. So einfach ist es: raus aus dem emotionalen Gedankengefängnis, weg mit dem Schmutzfilm und realisieren, wer wir bei gereinigter Hirnplatte sind. In diesem Sinne lässt sich Charlotte Joko Beck verstehen: »Erleuchtung ist nicht etwas, das man erlangen kann. Es ist die Abwesenheit von ›Etwas‹.«[4]
Und dieses Etwas ist der beschriebene Schmutzfilm. Uns allen wohl bekannt ist, wie sehr uns emotionale Aufwallungen und das gedankliche Kreisen um Unliebsames aus der Gelassenheit reißen. Nur zu gut kennen wir den Zusammenhang von Grübel-, Nörgel-, Sörgel-, Trübelgedanken einerseits und der dadurch vereitelten Lebensfreude andererseits. Die Herausforderung ergibt sich nun daraus, trotz der alltäglichen Unbilden in die Lebensfreude zu gelangen. Anders gesagt: Es geht darum, das emotional durchsäuerte Gedankengefängnis zu verlassen und die Schmutzfilmpartikel von unserer Hirnplatte zu wischen. Hierzu noch ein Zitat von Beck: »Wenn unser Geist klar und ausgeglichen wird und nicht mehr von Objekten gefangen ist, kann eine Öffnung geschehen, und wir erkennen für einen Augenblick, wer wir wirklich sind.«[5]
Das Buch in Ihren Händen ist eine Art Putzlappen, mit dem Sie durch die verschiedenen Lebensbereiche wischen können, um die typischen Dreckschichten emotionaler Verbissenheit aufzuwirbeln und möglichst zu entfernen. Am besten, wir gehen arbeitsteilig vor: Ich stelle den Lappen, Sie wischen. Erlauben Sie, dass ich Ihnen eine Wischanleitung gebe. Betrachten wir zur Erhöhung unserer Putzmotivation noch vier Fragen:

1. Was genau sind die Dreckpartikel des Schmutzfilms?
Die Antwort auf die erste Frage lässt sich zusammenfassend

und wiederholend so formulieren: Alle Gedanken und Gefühle, die uns belasten und einengen, machen den Schmutzfilm aus. Sie sind Repräsentanten der Spielverderber unseres Glücks.

Formel: Je weiter wir von unserer Lebensfreude entfernt sind, umso dicker ist die Schmutzschicht.

2. *Wo setzen sie sich ab? Wie erfahren wir, dass sie sich abgesetzt haben?*
Die Antwort auf diese Fragen ergibt sich teilweise aus der oben angeführten, nämlich: Belastungen und Einengungen sind der Erlebnisniederschlag dieses Films. Immer wenn unser Kopf oder Herz bedrängt wird, wir vor Kummer nicht schlafen können, wenn wir im Kreis herum denken, in unseren Ressentiments und Ärgernissen gefangen sind, dann wird's Zeit für eine Wischaktion.

Formel: Alles, bei dem wir länger verweilen, als wir wollen, zeigt, dass wir Opfer vom Gemütsverkleber geworden sind.

3. *Gibt es Lebensbereiche, die mehr Schmutz als andere anziehen?*
Die Antwort auf die dritte Frage muss breit streuen: Es gibt so viele schmutzanfällige Bereiche wie Menschen. Jeder hat bevorzugte »Einstiegsthemen«, das heißt, jeder verhakelt sich anders, ärgert oder sorgt sich über eine je eigene Palette von Widerborstigkeiten. Für manche sind sogar Urlaub und Liebesbeziehungen gefürchtete Not- und Reizthemen. Selbst das Glück wird einigen zu viel.

Formel: Immer dort, wo uns Leichtigkeit und Gelassenheit abhanden kommen, wütet Altlast durch putzbedürftige Lebensbereiche.

4. *Wie können wir dem Schmutz auf unserer Hirnplatte zu Leibe rücken?*
Die Antwort ist natürlich: Indem wir wischen!

Und das machen wir durch Benutzung der eingangs genannten sieben Wege. Jedem dieser Wege mit den jeweiligen Neben- und Abkürzungswegen ist ein eigenes Kapitel gewidmet. Dort finden Sie die detaillierte Wischanleitung.

Formel: Erfolg erfolgt, wenn wir das Richtige tun und das Falsche lassen. Dabei ist die Bereitschaft zum Versuch bereits ein Zipfel unseres Glücks.

Dieses Hinleitungskapitel zum großen Hirnputz möchte ich zum Abschluss auf einen Punkt bringen: Es ist mein Anliegen, *nur einen einzigen Gedanken* verständlich, verfügbar und handhabbar zu machen. Dieser eine Gedanke lässt sich auf vielfältige Weise formulieren. Hier einige Versionen:

- Die Spielverderber des Glücks sind dramatisch aufgeblähte Schattenwesen in unserem internen Heimkino.
- Die Wirklichkeit ist nicht der Sorgen- und Gedankenfilm in unserem Kopf.
- Mit jedem emotionalen und gedanklichen Festbeißen halten wir die Wirklichkeit auf Abstand.
- Wirklichkeit und Gegenwart sind unserem Erleben nur zugänglich, wenn wir Kopf und Herz frei haben.
- Die Wirklichkeit ist das, was bei uns ankommen und landen kann, wenn wir den Kopf frei haben.
- Deshalb ist das Streben nach Glück gleichzusetzen mit dem Streben nach einem freien Kopf.
- Ein Leben in der Wirklichkeit ist ganz einfach und wunderbar.

Dieser eine Gedanke ist natürlich keine blanke Erfindung von mir, sondern findet einerseits empirischen Niederschlag in der Leichtigkeit und dem fröhlichen Antrieb, die wir verspüren, wenn wir den Kopf frei haben, andererseits hat er ein breites philosophisches Fundament, wovon wir viel später einen kleinen Ausschnitt betrachten werden. Stürzen wir uns zunächst in die Praxis. Nehmen wir den Spielverderbern unseres Glücks den Wind aus den Segeln.

1. Weg:

Unerledigtes in der äußeren Lebenssituation erledigen

Wir räumen auf

Wann kam das Ziel selbst zum Ziel?
STANISLAW JERZY LEC

Was unerledigt ist und was wir vor uns herschieben, lässt unseren Kopf einfach nicht frei sein und belastet mehr oder weniger offensichtlich unser Gemüt. Manchmal drängt sich das Unerledigte sogar in unser Blickfeld: zum Beispiel in Form eines Bergs schmutziger Wäsche oder eines nicht gemähten Rasens. Manchmal ist das Unerledigte eher unterschwellig da: in Form von ausstehenden Schulden oder unausgesprochenen wichtigen Worten in einer Beziehung. Da das Unerledigte immerzu Energie frisst und unsere Hirnplatte erheblich verschmutzt, geht es hier auf dem ersten Weg zum freien Kopf zunächst darum,

- zu erkennen, was *wirklich* unerledigt ist,
- später darum, es zu erledigen. Eine Form des Erledigens könnte durchaus die Erkenntnis sein, dass bestimmte »Schmutzpartikel« nur eingebildet sind und sich durch die bewusste Entscheidung, den jeweiligen Posten fallen zu lassen, effizient erledigen ließen. Dazu später mehr.

Widmen wir uns nun allem Unerledigten in unserem Leben. Das ist eine der größten und wichtigsten Putzaktionen, deren gründliche Durchführung die Reise auf den andern Wegen erleichtert. Nehmen Sie sich deshalb Zeit. Um herauszufinden, was unerledigt ist, können Sie sich in folgende Frage vertiefen:

> Was in meinem Leben nimmt meine Gedanken und Gefühle in Beschlag, obwohl ich das nicht möchte?

Durch die Beantwortung dieser Frage stoßen Sie mit Sicherheit auf Unerledigtes. Um den ersten Putzvorgang mehr zu strukturieren und um sicherzustellen, dass möglichst alle Ecken und Winkel umfassend durchleuchtet werden, bearbeiten Sie die unten aufgeführten Putzbereiche bitte schriftlich. Zunächst soll nur erkannt und aufgeschrieben werden, was alles unerledigt und somit Kopf verklebend ist.

Schreiben Sie alle Punkte auf, die sich bei der Beantwortung der obigen Frage ergeben:

UNSORTIERTES BRAINSTORMING

Was gibt's in meinem Haushalt zu erledigen?
(ausmisten, anschaffen, aufräumen, renovieren, reparieren, erneuern, säubern – Keller, Dachboden und Garage nicht vergessen)

THEMENSPEZIFISCHES BRAINSTORMING

Was gibt's im Finanzbereich zu erledigen?
(offene Rechnungen, nicht gestellte Rechnungen, Privatschulden oder andere, Steuererklärungen, Geldanlagen, Sparpläne, mehr oder weniger ausgeben usw.)

_____
_____
_____
_____
_____

Was möchte ich in Bezug auf meinen Körper und meine Gesundheit nicht unerledigt lassen?
(Sport, genügend Schlaf, gutes Bett, Frischluft, professionelle Zahnreinigung, Ernährung, Darm- und Arterienreinigung, Gewicht, Süchte, Schönheitspflege usw.)

_____
_____
_____
_____
_____

Gibt es Unerledigtes in meinen Kontakten, Freundschaften und Beziehungen?
(Groll, Vorwürfe, Bitterkeit, Unausgesprochenes, Unklarheiten, Verletzungen, nicht gezollte Anerkennung, nicht ausgedrückte Dankbarkeit, Ungleichgewicht im Geben und Nehmen usw.)

_____
_____
_____

Bin ich mit meiner Herkunfts- und Gegenwartsfamilie im Reinen?

Ist mein Schreibkram erledigt?
(Post, Computer sortiert, ausgemistet, Papiere in Ordnung, genug, aber nicht zu viel weggeworfen usw.)

Gibt es etwas, das ich tun, sein oder haben wollte und das als Unverwirklichtes jetzt zugleich Unerledigtes ist?

 Gibt es in meinem Beruf, meinem Lebensentwurf, meiner Freizeitgestaltung unbefriedigende und deshalb unerledigte Bereiche?
(Unklarheiten, Ziele, Kollegen, Hobbys usw.)

_____
_____THEMENSPEZIFISCHES_____
_____BRAINSTORMING_____
_____
_____

Wenn Sie die Bestandsaufnahme durchgeführt haben, geht es jetzt darum, noch genauer zu überlegen, wann, was, wie oder ob überhaupt etwas gemacht werden kann.
Am Wirkungsvollsten ist es, wenn Sie alle Punkte, die Sie notiert haben, noch einmal durchgehen und für jeden einzelnen Punkt eine Strategie festlegen. Grundsätzlich haben Sie die Möglichkeiten,
- eine Sache selbst zu erledigen,
- sie erledigen zu lassen oder
- sie bewusst fallen zu lassen.

Wenn Ihr Rasen immer zu hoch wächst, dann könnte die bewusste Entscheidung für eine Wildwiese sinnvoll sein. Wichtig ist, sich nicht in eine Scheintoleranz zu manipulieren. Falls also ein hoch gewachsener Rasen unseren Kopf nicht zur Ruhe kommen lässt, dann eignen sich folgende Erledigungswege:

1. Selbst erledigen:
   fröhlich mähen!

2. Delegation:
   Jemand anders mäht ihn.

3. Wirklich auf sich beruhen lassen:
   entscheiden, dass er nicht gemäht wird!

Legen Sie also bitte schriftlich fest, wie sich die jeweiligen Punkte erledigen ließen. Schreiben Sie auch auf, von wem und wann welcher Punkt angepackt werden soll. Nicht zu eng planen! Zeit erlauben! Aber auch: Möglichst alles sofort machen! Prioritäten setzen! Mitunter mag es nützlich sein, noch eine alternative Erledigungsstrategie ins Auge zu fassen. Überlegen Sie auch, wie Sie die Erledigung jedes einzelnen Punktes feiern könnten. Am besten, Sie notieren auch die jeweils angepeilte Selbstbelohnung. Zur systematischen Planung Ihrer diversen Erledigungsprojekte können Sie die folgende Seite gerne unendlich oft kopieren und dann die einzelnen Blätter in eine chronologische Erledigungsreihenfolge bringen.

1. Weg: Unerledigtes erledigen

    Was:

    Wie:

    Wer:

    Wann:

    Alternative:

    Selbstbelohnung:

Der erste Weg führte mitten durch unseren Alltag und vordergründig nicht in subtile Schichten unserer Seele. Hier ging's ums Handeln, um ein praktisches Vorgehen zur Befreiung des Kopfes. Vielleicht haben Sie Lust, Ihre Erfolge auf diesem Putzweg aufzuschreiben. Es ist anspornend, mit unbeirrter Entschlossenheit davon auszugehen, dass ALLES KEIN PROBLEM ist. Trotzdem könnte es sein, dass der eine oder andere Erledigungspunkt irgendwie resistent unerledigt bleibt. Das ist dann nicht schlimm, sondern erhellend! Es zeigt nämlich an, dass der Putzvorgang durch innere Blockaden, Skriptbotschaften, bewusste oder unbewusste Programmierungen oder Glaubenssätze erschwert wird. Richten wir also den Blick nach innen, um herauszufinden, welche inneren Hürden sich störend ins Alltagsleben einmischen. Zum Beispiel:

Der Rasen ist aufgrund von Schmutzfilmen, *negativen Lebensprogrammen* und *Weltbildern* einfach nicht zu bewältigen.

Wir denken an einige Glücksverhinderer wie
- Leistungsmonster
- Mußekiller
- Familienmafia
- Liebesschwund
- Einsamkeit
- Krankheit

und viele mehr, die alle geknackt werden sollen.

Um uns selbst näher zu kommen, ist es sinnvoll, in sich zu gehen und sich mit Hilfe von Fragen zu eigenen Antworten zu bewegen, anstatt fraglos zu funktionieren bzw. eben sabotagemäßig nicht mehr funktionieren zu können. Die Fremdbestimmung durch negative Lebensprogramme führt zu Anpassung und Selbstverhinderung. Eigenbestimmung dagegen bewirkt Erfüllung, Erfolg und Lebensfreude. Ihr wollen wir nun durch eigene Antworten näher rücken, die wir auf dem zweiten Weg finden.

2. Weg:

Unerledigtes im eigenen Innern erledigen

Wir antworten uns

> ... da es nie eine Frage, gab gab es auch nie eine Antwort.
>
> GERTRUDE STEIN

Vom Wert des Fragens

Herbert geht jeden Sonntag angeln. Er hat ein Klappstühlchen dabei, Würmer und den Eimer für die zu fangenden Fische. Er kennt eine sehr geeignete Stelle am Fluss. Er sieht die Fische im Wasser, sitzt den ganzen Tag auf seinem Stühlchen – und fängt keinen einzigen Fisch. Das liegt daran, dass er die Angel vergessen hat. Um die volle Wahrheit zu sagen, er besitzt gar keine Angel.
Moral von der Geschicht: Willst du den Fisch nur sehen, dann angele nicht!
So blöd wie Herbert kann man eigentlich nicht sein, sind wir geneigt zu denken. Schauen wir strenger hin und übertragen wir die Geschichte auf die Suche nach unserem Glück und unserer Freiheit, dann zeigen sich folgende Parallelen: Wir haben gewisse Vorstellungen vom Glück, sehen es – wie Herbert die Fische – bei andern Menschen, in der Literatur oder im Film. Aber oft fehlt uns die ganz persönliche Verbindung – die Angel –, mit der wir das Glück für uns erreichbar machen können. Dafür gibt es tausend schlechte Gründe – egal, ob wir sie Karma oder miese Kindheit nennen.

Kurz: Wir brauchen eine persönliche, private, ganz eigene Verbindung, eine Angel. Wir müssen herausfinden, was unser individueller Weg zum Glück ist, was wir wollen, was uns jeweils gut tut, was unsere Ziele sind. Pauschalrezepte taugen nichts, wir müssen sozusagen selbst auf unser »eigenes Ding« kommen. Buddhas letzte Worte waren: »Sei dein eigenes Licht.« Die Frage lautet also inzwischen: Wie können wir uns selber Angel sein? Die eher banale, einfache Antwort darauf ist, indem wir uns mit weitgehend vorurteilsfreiem Geist Fragen vorlegen, um über deren Beantwortung zum »eigenen Licht« zu gelangen.[6] Der weitgehend vorurteilsfreie Geist ist Voraussetzung dafür, nicht in die von Stanislaw Jerzy Lec so beschriebene Falle zu geraten: »Sein Schädel ist so voll von Belesenheit, dass eigene Gedanken dort keinen Platz mehr haben.«[7]

Je unbefangener unser Kopf ist, desto angeliger sind die Fragen. Die halbe Beute ist ferner unser, wenn wir nicht davon ausgehen, dass das Glück nur andern vorbehalten sei. Sonst sind alle Fragen, die wir uns stellen, nur Scheinfragen.

Beim vorurteilsfreien Fragen ist es besonders produktiv, sich selbst, dem andern, der Sache, dem Leben nichts überzustülpen, sondern wir sollten uns ganz flexibel dem »Gegenstand« anpassen und uns bereithalten für die Antwort. Diese Vorgehensweise ist aus der Philosophie als Mäeutik (griechisch: Hebammenkunst) bekannt. Sokrates versuchte durch geschicktes Fragen, die in einem Menschen liegende richtige Erkenntnis hervorzulocken. An der richtig gestellten Frage hängt automatisch die förderlichste Antwort. Antworten werden nicht gegeben, sondern sie ergeben sich durch vorsichtig tastende Fragen, die allem Raum lassen. Wie schwierig es ist, einem Menschen zu raten oder ihm zu helfen, schreibt Rilke in einem Brief:

»... im Grunde, und gerade in den tiefsten und wichtigsten Dingen, sind wir namenlos allein, und damit einer dem andern raten oder gar helfen kann, muß viel geschehen, viel muß gelingen, eine ganze Konstellation von Dingen muß eintreffen, damit es einmal glückt.«[8]

Um die Trefferquote bei der Suche nach Erlösung und Lösungen zu erhöhen, angeln wir daher mit Fragen nach eigenen Antworten aus dem Innern des jeweils Betroffenen.

Formel: In beratenden Berufen und ganz besonders im therapeutischen Bereich sollte der Schwerpunkt auf dem Fragen liegen, damit Manipulation und Fremdbestimmung vermieden werden.

Die gesuchte Angel besteht also im möglichst vorurteilsfreien Fragen, wobei es gleichgültig ist, ob wir uns die Fragen selbst ausdenken oder andere sie stellen. Für den Bereich der Glücks- und Erfolgssteigerung ist lediglich wichtig zu berücksichtigen, dass Warum-Fragen immer dann auszuschließen sind, wenn sie uns in einen Begründungsrelativismus verstricken.

Sich antworten und dadurch sich selbst Wegweiser sein (Putzanleitung)

> **Verstehen kann man das Leben nur rückwärts, doch leben muss man es vorwärts.**
>
> KIERKEGAARD

Auf dem zweiten Weg geht es bevorzugt darum, alles Unerledigte im eigenen Innern aufzuspüren und durch die Beantwortung von Fragen eine Innenreinigung zu erleichtern. Konkret geht es um folgende Schritte:

- Wir wandern gleich durch die verschiedenen Lebensbereiche, um einerseits eigene Reizthemen, also *Spielverderber unseres Glücks*, besser kennen zu lernen. Andererseits betrachten wir aber auch *Quellen der Lebensfreude*, also Freunde, die uns bei der Erledigung von Unerledigtem im eigenen Innern unterstützen können.

● Wir beantworten die *Lösungs- und Aufbruchsfragen*, die zu jedem Thema angeführt sind, um erstens unseren Blickwinkel zu verändern, um zweitens unsere Identifikation mit dem jeweiligen Thema zu lösen, um drittens mehr Eigenbestimmung an die Stelle von Fremdbestimmung zu setzen. So wird unser Kopf klarer und freier, und wir können zu den Quellen unserer Lebensfreude aufbrechen.

Ziel der Fragen:
> Eine Brücke zu je eigenen Antworten zu bauen und somit einen Beitrag zur immanenten Selbstbefreiung zu leisten.

● Wir preschen mit unserer Phantasie über uns selbst hinaus, indem wir das Thema oder die Frage unter der Überschrift *Phantasie-Ausbruch* aufgreifen und entfalten. Das können wir auf vielfältige Weise tun: einfach träumerisch und visionär im Kopf oder im Gespräch mit Freunden und Partnern, oder wir sprechen unsere Ausbrüche auf einen Tonträger, oder wir legen ein Heft an, in dem wir unserer Phantasie freien Lauf lassen. Zum immer besseren Kennenlernen mag es auch aufschlussreich sein, eigene Aufzeichnungen Partnern zu schenken oder sich Ausführungen zu ganz bestimmten Themen von Geliebten schenken zu lassen. Oder wenn Sie dieses Buch einer nahe stehenden Person geben, könnten Sie einen Gutschein oder Wunschzettel beilegen, mit dem Sie die Ausführung von zum Beispiel drei Phantasie-Ausbrüchen versprechen oder erbitten.

● Wir befassen uns besonders eingehend mit den *Koans*[9]. Hier ist gründlich zu wischen, indem wir zum Beispiel – wenn uns die Lust überfällt – bei einer schriftlichen Beantwortung fünf Minuten schreiben, ohne den Stift abzusetzen. Es geht über das Schreiben hinaus darum – wie in der alten Zen Tradition –, diese Fragen wirklich tief zu ergründen, das heißt, auch die Unter- und Innenseiten zu putzen. Durch dieses gewissenhafte Vorgehen führen die Fragen ganz von selbst zu unerwarteten Antworten und Blickwinkelsprengungen.

Dort am Rand weht uns die Entspanntheit eines erfrischenden Nichts, einer Leere an, und wir ahnen eine Freiheit, die Folge des beruhigten Verstandes ist.

Ziel der Koans:
Fragen vorzulegen, die eine Brücke bauen zur transzendenten Selbstbefreiung.

Hier als Einschub ein Miniausflug zur Bedeutung des Koans: Der Begriff stammt aus dem Zen, einer »areligiösen Religion«. Im Mittelpunkt steht die Befreiung des eigenen Geistes, die mit dem so genannten Koan geübt wird. Ein Koan kann eine Art alogische Frage sein, an dem unsere logischen Verstandes- und Verstehmanöver brechen und aufbrechen sollen. Suzuki definiert das Koan so: »Als Koan wird eine paradoxe Frage, Äußerung oder Handlung des Meisters verstanden.«[10]
Die Koan-Übung besteht in der widersinnigen Aufgabe, mit aller Redlichkeit und Beharrlichkeit diese alogische Frage logisch zu lösen. Durch diese Übung wird unser Verstand voraussetzungslos, wird über sich und seine Vorstellungen hinausgetrieben, um irgendwann – meist plötzlich und unerwartet – von seinen ewigen Rundgängen befreit zu sein und, wie der große japanische Meister Hakuin schrieb, endlich seine wahre Natur zu sehen.
Zur Veranschaulichung hier drei Beispiele von den ca. 1.700 traditionellen Koan-Fragen:

- Was ist der Ton von einer Hand, die klatscht?
- Was ist die Farbe des Windes?
- Was ist dein ursprüngliches Gesicht, bevor deine Mutter und dein Vater geboren wurden?

Die von mir erfundenen Koans am Ende eines jeden Trainingsbereichs sind von ähnlicher Paradoxie und zielen in die gleiche Richtung wie die traditionellen Koan-Fragen.

Bevor wir uns nun auf die Putzwanderung begeben, möchte ich noch auf ein ganz besonderes Reinigungsmittel hinwei-

sen. Und zwar auf das Lachen! Dieses Putzmittel findet sich jeweils unter der Überschrift *Impulse, Sinniges und Unsinniges*, die aus meinen Vorträgen und Seminaren stammen. Sie sind aus dem Zusammenhang gerissen, sowieso erfunden und mitunter gerade deshalb wahr, im besten Fall auch amüsant, damit das Lachfeuer geschürt wird.
Betreten wir nun das Trainingscamp des zweiten Wegs. Beim Beantworten der Lösungs- und Aufbruchsfragen gilt, dass die Schriftlichkeit eine besondere Verbindlichkeit sich selbst gegenüber darstellt. Deshalb lohnt sie sich bei Themen, die Ihnen besonders wichtig sind. Sollte Ihnen die eine oder andere Antwort nicht so leicht zufliegen, so können Sie's auch mit Rilke halten: »... es handelt sich darum, alles zu leben. Leben Sie jetzt die Fragen. Vielleicht leben Sie dann allmählich, ohne es zu merken, eines fernen Tages in die Antwort hinein.«[11]

Trainingscamp:

Reise durch 54 Lebensbereiche

> Das Leben ist entweder ein wagemutiges Abenteuer oder nichts!
> — HELEN KELLER

Jetzt geht's den Unholden an den Kragen. Gemäß der Putzanleitung haben Sie Gelegenheit herauszufinden, wie Sie den Spitzenkandidaten Ihrer Glücksverdernbis die Landefläche wegklappen können. Darüber hinaus sollen die »Holde« nicht zu kurz kommen, für die wir die Landeflächen weit ausfahren. Ich wünsche Ihnen viel Spaß und Befriedigung beim Finden und Gestalten Ihrer Antworten.

Themenübersicht

Altern	Egozentrik	Goldene Verhaltensrenner
Angst	Eifersucht	
Arbeit	Einsamkeit	Grundübel
Askese	Elendsprostitution	Handlungskonsequenz
Befriedigung (Sucht)	Energiezocker	
	Erklärungen	Heimkino/Magic Mirror
Beziehungskorsett	Familienmafia	
Denken	Flapsige Sprüche	Hingabe
Dilemma	Gegenwart	Je – desto
Distanz und Nähe	Geld	Kampf und Krampf
Druck	Genuss	

Krankheit	Schatten	Ungehorsam
Langeweile	Schmalspurleben	Unglücksdünger
Lebenskunst	Schmollen und	Vereinfachung
Leere	Beleidigtsein	Vergänglichkeit
Liebeslast –	Schuldgefühle	und Tod
Liebeslust	Selbst-Erfahrung	Wachstum
Lösung	Sicherheit	Wiederholungs-
Philosophie	Therapie	quatsch
Realsein	Tiefste Weisheiten	Wut und Ärger
RückSichtnahme	Trauern	Ziele

Geist ist die Jugend des Alters.
EMANUEL WERTHEIMER

Altern

Der Prozess des Alterns beginnt mit der Geburt und kulminiert im Tod. Ständig gewinnen wir Jahre dazu. Von Jahr zu Jahr wachsen unsere Chancen, wesentlicher, gelassener, freier und in einem gewissen Sinne auch jünger zu werden. Ein weiteres Geschenk: Wenn ausgewertete Erfahrung zu ganz wesentlichen Prioritäten führt, wenn endlich das wirklich Vorrangige Vorrang hat, sind wir jung! Wem diese wesentliche Verjüngung nicht gelingt, der verliert Jahre, verliert Chancen und wird älter, unfreier und bitter.

Lösungsfragen
- Was lohnt sich wirklich?
- Welche letzte Wahrheit soll auf meinem Grabstein stehen?
- Welches Lebensfazit soll nicht auf meinem Grabstein stehen?

Phantasie-Ausbruch
Wie ich meine nächsten tausend Jahre gestalte.

Für Sissy zum Geburtstag

Du wirst sechzig Jahre alt,
Sissy,
und ich glaube es nicht,
weil du so jung bist,
weil du so schön bist,
weil du so wach bist ...
und doch – ja, erst recht – glaube ich's,
weil du noch jünger,
schöner, wacher bist,
als irgendeine Zeit
sich je träumen lassen könnte.
Und genau da,
ganz außerhalb aller Zeit
und Zeiten –
bist du in meinem Herzen.

Impulse, Sinniges und Unsinniges
- Alter ist keine Frage von angesammelten Jahren.
- Jung sind wir sofort, wenn wir Quatsch machen. Kinder sind jung, weil sie Quatsch machen.
- Lifting ist die Verleugnung des eigenen Lebens.
- Wenn wir länger leben wollen, dann sollten wir die Jahre »verlängern«, indem wir mehr in der Gegenwart leben, nicht, indem wir ein paar Jahre ans Leben dranhängen.
- Lieber mit Lächelmiene zwei Jahre länger gelebt als mit Ernsthaftigkeit früher das Zeitliche gesegnet.
- Wenn wir nicht mehr so viel Zukunft haben, wird die Gegenwart voller.
- Blickwinkelwechsel bringt Freiheit.

Jede Verfrechung ist eine Verjüngung

- Entweder wir sorgen uns oder wir leben.
- Probleme entstehen oft, weil wir einen Wertecodex verabsolutiert haben.
- Gewohnheit ist wie Schwerkraft. Sie zieht runter.
- Es gibt nicht viel oder wenig Zeit. Es zählt nur, wie viel Zeit wir in der Gegenwart verbracht haben.

Koan
Wer alterte, wenn er nicht starb beim Sterben?

> Schwäche zeigt sich ... darin, dass der Mensch vor der Angst flieht ...
> O.F. BOLLNOW

Angst

Die Angst will, dass wir im Vorhof des Lebens auf Nummer sicher gehen. Sie will uns beschützen vor dem Ärgsten, Schlimmsten, Ungeheuerlichsten, vor dem Leben in der Gosse, vor Armut, Krankheit und am liebsten auch noch vor dem Tod. Mit Abstand betrachtet wissen wir alle, dass sie sich da einfach zu viel zugemutet hat, die arme Angst.
Die Hauptursache für ihre Entstehung liegt in der Kindheit. Für den Ausstieg aus Ängsten ist es nützlich, die auslösenden Ursprungssituationen genauer zu kennen. Am folgenden Beispiel wird der Zusammenhang von Gegenwartsschmerz und entsprechend ungünstiger Erfahrungen in der Vergangenheit illustriert:
Es ist Samstag. Elsa hockt daheim. Ihr Mann Tom ist tatsächlich schon wieder in der Kneipe. Elsa kann es kaum fassen. Er weiß doch, dass sie die ewige Kneipengeherei nicht mag – und schon gar nicht am Wochenende! Schließlich sind sie verheiratet, und da schuldet er ihr traute Stunden der Gemeinsamkeit – und zwar ganz besonders am Wochenende. Elsa ist wütend und verzweifelt. Am liebsten würde sie jetzt in Toms

Kneipe gehen und ihm eine Riesenszene machen, aber das traut sie sich nicht. Sie hat einerseits Angst, ihn dann ganz zu verlieren, und andererseits denkt sie, sie müsse toleranter sein. Langsam wird sie doppelt unzufrieden: erstens wegen ihres abwesenden Partners, zweitens wegen ihrer Intoleranz. Wie gelähmt sitzt sie am Küchentisch: Das Wochenende ist verdorben. In ihrem Kopf schießen tausend Gedanken durcheinander: »Wenn ich nur mehr Mut hätte, würde ich jetzt einfach was Eigenes unternehmen. Aber dann kommt Tom womöglich heim und ist böse auf mich und geht direkt wieder zu seinen Kumpels. Ich bin ja so froh, dass ich Tom habe, aber ich habe ihn ja gar nicht, wenn er nie zu Hause ist. Was soll ich nur tun? Ich habe Angst vor dem Leben. Alles ist trist.« Zu ihrem eigenen Entsetzen stellt Elsa fest, dass sie sich ohne Tom an ihrer Seite gar nicht recht aus dem Haus traut. Sie ist am Rande einer Depression.

Betrachten wir zunächst die biographischen Hintergründe ihrer Not: Als Kind hatte sie die Rolle der Trösterin und Gesellschafterin für ihre an den Rollstuhl gefesselte Mutter zu spielen. Ihre ältere Schwester versorgte den Haushalt, machte die Einkäufe und war aktiv und viel unterwegs. Ihr Vater war als Ingenieur oft monatelang auf Montage. Elsa fühlte sich vom Vater verlassen, und in der kranken Mutter hatte sie wahrlich keine Stütze. Im Grunde war sie durch ihre Rolle als Trösterin mit der Mutter ans Haus gefesselt. Einmal nur war sie auf einem Kindergeburtstag, von dem sie verspätet heimkehrte. Zu Hause fand sie ihre Mutter ohnmächtig im Bad. Irgendwie war sie aus dem entsicherten Rollstuhl gerutscht und hatte sich den Kopf an der Badewanne angeschlagen. Elsa war voller Panik und hatte riesige Schuldgefühle. Sie schwor sich, ihre Mutter nie wieder im Stich zu lassen. Nur wenn der Vater mal auf Urlaub zu Hause war, hatte Elsa etwas mehr Spielraum.

Wir sehen deutlich, wie sich die damalige Situation in der Gegenwart wiederholt: nämlich so, dass Elsa nun zwar nicht mehr auf den Vater, sondern auf Tom wartet, um erlöst zu werden. Wie damals wagt sie auch heute nicht, das Haus zu

verlassen. In ihrer Seele spukt noch (ganz unbewusst) die Vorstellung, dass ihrer Mutter etwas zustoßen könnte, wenn sie, Elsa, einfach ihr Leben genösse. Und diese Schuld kann sie nicht auf sich laden. Genau betrachtet heißt das, Elsa hätte Schuldgefühle, wenn es ihr gut ginge; sie hat Angst vor dem Glück. Und deshalb sorgt der Wiederholungszwang dafür, dass sie einen Partner anzieht, bei dem sie ihren Kindheitsfilm wieder abspulen kann.
Solch neurotische Ängste halten unseren Unglückspegel konstant, engen uns ein und verlangen Gehorsam von uns. Sie sind von existentiellen oder realen Angstgefühlen zu unterscheiden. Reale Angstgefühle schützen uns, anstatt einzuengen; sie sorgen dafür, dass wir uns nicht in lebensgefährliche Situationen begeben.
Ferner unterscheiden wir bei den neurotischen Gefühlen noch zwischen leichteren und ganz gravierenden »Energiekillern«. Wir erkennen die leichteren daran, dass sie uns noch einen mehr oder weniger großen Spielraum lassen. Elsa zum Beispiel hat Angst, das Haus ohne Toms Begleitung zu verlassen, da sie als Kind immer zu Hause bleiben musste. Und nicht nur Angst, sondern auch Schuldgefühle, da ihrer Mutter wieder etwas zustoßen, bzw. auf ihre heutige Situation übertragen, wieder irgendetwas Schlimmes passieren könnte, wenn sie das Haus verlässt. Hierbei handelt es sich also offensichtlich um neurotische Gefühle, weil sie Elsa heute nur noch einengen und schwächen, anstatt sie in einem konstruktiven Sinne zu behüten.
Zur Veranschaulichung des realen Angstgefühls ein anderes Beispiel aus Elsas Leben: Als Kind hatte sie arglos auf eine heiße Herdplatte gefasst, und fortan hütete sie sich davor, ungeprüftermaßen Herdplatten anzufassen. Die Angst, sich am heißen Herd zu verbrennen, ist durchaus real und schützt Elsa lebenslänglich. Wie gut, dass sie diese Angst hat!
Unsere realen Ängste sind auch einem Wiederholungszwang unterworfen – nur eben einem mit positivem Vorzeichen. Hinter ihnen verbirgt sich – genau wie bei den neurotischen Ängsten – der Selbstschutzmechanismus, der, auf Elsa bezo-

gen, darauf achtet, dass sie nie wieder zu heiße Herdplatten anfasst oder unbeschwert ihr Leben außer Haus genießt. Beides hatte sich in ihrer Kindheit als fatal erwiesen.
Elsas innere Bedrängnis war jedoch nicht so gravierend, dass sie gänzlich handlungsunfähig gewesen wäre. Deshalb war ein Befreiungsversuch auf verhaltenstherapeutischer Ebene möglich. Es geht ja darum, ihrem Selbstschutzmechanismus klar zu machen: Herdplatte: ja! Vergnügungsstopp und Inhaftierung daheim: nein!

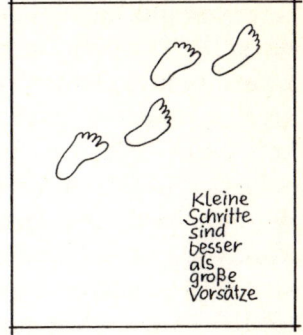

Kleine Schritte sind besser als große Vorsätze

Will Elsa sich befreien, so muss sie genau das tun, wovor sie Angst hat. So wagte sie sich aus ihren Kindheitsgrenzen heraus, indem sie zunächst kurze, »harmlose« Spaziergänge außer Haus riskierte, dann Freunde besuchte, in den Fitnessclub ging und sich in der Weise langsam steigerte, bis sie schließlich tatsächlich vergnügliche Stunden in Cafés und Tanzlokalen verbringen konnte. Es ist klar, dass Elsas konditionierter Selbstschutzmechanismus diese Aktivitäten überhaupt nicht billigen konnte. Deshalb bombardierte er sie mit Ängsten und enormen Schuldgefühlen. Diese musste Elsa aushalten und durfte sich nicht von ihnen in Schach halten lassen, weil sie sonst wieder zum Opfer ihrer alten Situation geworden wäre. Elsa zog ihren Befreiungsplan konsequent durch und machte die Erfahrung, dass zu Hause nichts Schlimmes passierte, wenn es ihr gut ging. Die Blumen verdorrten nicht, Wasserleitungen blieben intakt, und niemand fiel in ihrer Abwesenheit in Ohnmacht. Elsa hatte es geschafft, aus einem negativen Wiederholungszwang auszubrechen. Ein interessanter Nebenaspekt ihres Erfolgs war auch noch, dass Tom nach ihrer Befreiungsaktion gar nicht mehr ein so versessener Kneipengänger war. Und das ist ganz psycho-logisch, denn er brauchte Elsa nicht mehr ihr Vergnügungsdefizit zu spiegeln. Spannenderweise hätte sich für Elsa dieselbe Lösung auf einem anderen Denkweg ergeben. Und zwar, wie soeben schon angedeutet, über die Entschlüsselung des Spiegelgesetzes. Es besagt, dass alles, was uns an unseren Partnern und Kindern stört, eigenes, nicht gelebtes Potential ist, das wir nach außen verlagert, »projiziert« haben, wie es im psychologischen Fachjargon heißt. Wenn es uns dann nicht gelingt, dieses Eigene selbst zu leben, dann bekämpfen wir es in der Regel beim andern. So ist Elsa einfach wütend wegen Toms Kneipengeherei. Tom vergnügt sich außer Haus! Er macht also genau das, was sich Elsa verbietet! Das bedeutet, Elsa nimmt ihre Projektion in dem Augenblick zurück, in dem es ihr gelingt, sich wie Tom aushäusig zu amüsieren. Das Durchschauen von Projektionen erlaubt Blitzlösungen und schnelle Einsichten – auch ohne die Kenntnis der Kindheitsschmerzen.

Nun verlassen wir Elsa und wenden uns der viel krasseren Situation zu, die vorliegt, wenn Angstgefühle so stark sind, dass sie uns völlig im Griff haben und keinen Verhaltensspielraum erlauben. In dem Fall müssen wir natürlich anders mit ihnen umgehen. Nehmen wir als Beispiel Werner, der sich unmäßig vor einer schlimmen Krankheit fürchtet. Er ist zwar topfit, aber dennoch innerlich total von seiner Angst gelähmt. Wo er steht und geht, umzingelt ihn seine Angst. Er malt sich aus, wie ihn die Krankheit packt, wie entsetzlich der erste Diagnoseschock ist, wie er dahinsiechen wird. Werner ist so weit, dass er sich nicht mehr erfolgreich ablenken kann. Er lebt in der Folterkammer seiner ewig kreisenden Gedanken. Um aus seiner Not auszusteigen, müsste er aus jener Gedankenfolter heraus. Das gelingt ihm, indem er die Konzentration nicht mehr auf die befürchtete Krankheit richtet, sondern auf die Angst selbst.[12] Werner hat es wirklich geschafft, sich in wenigen Wochen von seiner Angst zu befreien. Er machte es so: Immer, wenn er in den entsetzlichen Gedankendrehern hing, atmete er tief durch und lenkte seine volle Aufmerksamkeit auf seine Angst und fragte sich: Wo im Körper spüre ich diese Angst? Was macht sie mit mir? Wie genau fühlt sie sich an?

Faustregel zur Befreiung:
Wenn ich anschaue und ernst nehme, was mich bedrängt, dann ist Integration (= Ganz-Werden) möglich. Wenn ich meine Not jedoch verdränge und ignoriere, wird sie schlimmer (= Abspaltung).

Lösungsfragen
- Beschützen mich meine Hauptängste oder engen sie mich ein?
- Verstehe und sehe ich die ursprüngliche Angst, die hinter meiner akuten Angst steckt?
- Wenn nein, mit wem könnte ich darüber sprechen, um es herauszufinden?
- Wie könnte ich ganz vorsichtig und behutsam genau das tun, wovor ich mich ängstige? (Gilt nur für neurotische Ängste, nicht für beschützende!)

1. Schritt:_____
2. Schritt:_____
3. Schritt:_____

Langsam steigern, Ergebnis fühlen, Selbstbelohnung schon einplanen!

Phantasie-Ausbruch
Mein angstfreies, draufgängerisches Leben.

Impulse, Sinniges und Unsinniges
- Nähe nehmen und nicht suchen. Suchen heißt, ich habe Angst zu nehmen.
- Angst ist immer die Folge davon, dass ich wirklich oder vermeintlich nicht sein durfte, wie ich sein wollte.
- Wer sich ängstigt, geht unter, und zwar genau in dem Maße, in dem er sich ängstigt. Je mehr Bewusstheit ich in die Angst bringe, desto weniger Raum hat die Angst.
- Lebensfeindliche Verbote, geglaubtes Unglück, mieses Schicksal machen unser Gefängnis aus. Anstatt dem Knast zu entkommen, triumphiert die Überlegung, die Möbel in

der Zelle umzustellen. Das Verlassen der Zelle macht Angst, das Umstellen der Möbel nicht.
- In der Spontaneität ist kein Platz für Angst.
- Angst ist eine gute Methode, nichts zu verändern. Auch Dauernöte geben dem Leben Stabilität.
- Der Berg (zum Beispiel der Arbeitsberg) ist nur beängstigend, solange wir nicht anfangen, ihn abzutragen.
- Da habe ich mich jahrelang geängstigt, und dann ist nichts passiert. Das ist wie eine kleine Enttäuschung.
- Entweder ist die Krise ein Durchgangsstadium oder ein Grenzbüdchen. Um durch die Krise hindurchzugehen, brauche ich Mut und Phantasie.
- Veränderung kommt von selbst, wenn wir den Widerstand am Abgrund aufgeben.
- Alles riskieren, wo wir einen Korb bekommen könnten, das ist wirklich mutig.
- Rein ins kalte Wasser! Das Wasser ist warm!

Koan
Alles Befürchtete eingetreten – was macht die Furcht jetzt?

> Zu wenig ist ebenso viel wie zu viel.
> GERTRUDE STEIN

Arbeit

So wenig arbeiten, dass wir gut leben können, so gut arbeiten, dass wir viel erleben. Arbeiten nicht abgetrennt vom Leben, weil es so viel zu tun und zu feiern gibt, wenn wir viel leben. Wer nicht lebt, arbeitet nicht, und wer nur arbeitet, lebt nicht, es sei denn, beide sind eins, was sie sind, wenn wir genießen, was wir tun. Wenn die Arbeitslosen ihr Nicht-Arbeiten genössen, wären sie nicht arbeitslos, weil sie dann ihr Tun (zum Beispiel in der Form des Nichtstuns) voll lebten, und voll gelebtes Tun ist die beste Weise des Arbeitens.

Lösungsfragen
- Wer könnte die Arbeit für mich tun?
- Wie könnte ich meine Arbeit tun?
- Will ich tätig leben oder Opfer von Arbeit sein?
- Wie entarbeite ich mich am schnellsten?

Phantasie-Ausbruch
Meine Arbeit als Riesenspaß.

Impulse, Sinniges und Unsinniges
- Erst das Vergnügen und dann noch keine Arbeit.
- Da, wo Begeisterung ist, ist Berufung.
- Stell dir vor, es wäre Urlaub und keiner führe weg.
- Das Urlaubsgefühl muss sich durch die Arbeit ziehen.
- Dummes Rumrödeln durch waches Dranbleiben ersetzen!
- Machbarkeit als einzige Produktionsbegründung treibt in die äußere Aktivität, wird sogar Machbarkeitssucht und bedingt den Verlust eines kontemplativen Lebens.
- Mehr Berufung und weniger Beruf!
- Durchschautes Schicksal kann Trittbrett zum Erfolg sein.
- Die Freiheit ist da, aber wir arbeiten zu viel daran.
- Von nichts kommt nichts. Von gar nichts kommt viel.
- Im Sklavenbewusstsein wuchert das Unglück.
- Wer unter Kraft fährt, kann nicht zufrieden sein.
- Nicht perfekt zu sein, ist wunderbar. Immer wenn wir uns erlauben, nicht perfekt sein zu müssen, sind wir schon um Klassen besser.

Sich an seine Berufung heranfragen:
- Was ist meine Vorbildung?
- Was hat in meinem bisherigen Beruf Spaß gemacht, was nicht?
- Welche Schulfächer haben mir Spaß gemacht, welche nicht?
- Was sind meine Neigungen, Leidenschaften?
- Was sind meine besonderen Fähigkeiten?
- Was tue ich gerne? (Brainstorming-artig alles aufschreiben!)

- Ist mir freie Zeiteinteilung wichtig?
- Wie viel Geld brauche ich monatlich, um zufrieden zu sein?
- Möchte ich mit andern Menschen arbeiten oder lieber allein?
- Möchte ich lieber angestellt oder selbstständig sein?
- Und jetzt in aller Entspannung aus den ermittelten Vorlieben eine Berufung herausdestillieren und direkt die Schritte zur Umsetzung überlegen.

☺ *Arbeit war sein Leben*
Mit Arbeiten hatte Anton keine Probleme. Morgens stand er auf und begann zu arbeiten. In seinen geruhsamen Jahren arbeitete er einfach durch, bis er zu Bett ging. Aber dann kamen gottlob die Schnellkurse auf! Das steigerte seine Effizienz erheblich. Er absolvierte Kurse im Schnelllesen, Schnellessen, Schnellschlafen, Schnelldenken usw. Urlaube waren natürlich bedrohlich, bis er sich entschied, sie ausfallen zu lassen. Und wenn's mal nichts zu tun gab, dann machte er einfach weiter mit dem, was sonst immer liegen geblieben war. Nein, mit Arbeiten hatte er keine Probleme, aber mit Nichtstun und Freizeit! Aber das merkte er nie, weil er beides nicht aufkommen ließ. Anton hielt sich für glücklich – bis auf die viele Arbeit ...

Koan
Welche Arbeit bleibt liegen, wenn alles sofort aufgearbeitet wird?

> Beglückt ist man nur, wenn man nichts anstrebt und sich von diesem Nichts so durchdringen läßt, dass man ganz trunken wird davon.
> E.M. CIORAN

Askese

Askese ist Käse, wenn sie kontrollierend weglässt, was Lust wäre und als so gelassene Lust Last und sogar Sucht wird. Nicht leicht ist's zu lassen, was schwer wiegt. Es bedarf schon einer außerordentlichen Askese, will man Widerstand, Abwehr, Uneigentlichkeit und alles Belastende lassen. Den Spielverderbern ihr Antispiel verderben!

Aufbruchsfragen
- Was sind meine Lasten?
- Wie könnte ich sie lassen?
- Wie verhindere ich es, sie zu lassen?
- Was glaube ich zu verlieren, wenn ich sie ließe?
- Wie sieht eine überzeugende Alternative zum zu Lassenden aus?

Phantasie-Ausbruch
Meine Lasten lassende Leichtigkeit.

Impulse, Sinniges und Unsinniges
- Sich selbst neu schreiben, anstatt ein beschriebenes Blatt zu sein.
- Der wahre Asket ist der absolute Lustmolch, weil er auf das wirklich Genussreiche ausgerichtet ist.
- Askese, die knechtet, ist von Übel. Askese, die die eigene Lust fördert, ist Befreiung.
- Disziplin drückt von hinten, Interesse zieht von vorne.
- Der Sinn der Askese ist, dass hinterher alles wieder schmeckt.
- Es ist besser, sich vor dem Tod zu trennen als durch einen frühzeitigen Tod.

- Totaler Mut kann sein, Wissen zu verlassen.
- Wir meditieren, die Beine sterben ab, die Moskitos stechen uns tot – das ist ein reiner Egotrip. Nur das Gute ohne Nebenwirkung ist das wirklich Gute.
- Dem Herzenswunsch muss gefolgt werden, sonst breitet sich die Todsünde aus.
- Mit Fremderziehung verhindern wir oft unsere eigene Erziehung.
- Verwandlung ist spannender als jede Veränderung. Sie hat die größte Chance, wenn die Abwehr zusammenbricht.

Koan
Wer bin ich ohne meine Lasten?

> Wer im Dunkeln sitzt, zündet sich einen Traum an.
> NELLY SACHS

Befriedigung (Sucht)

Im Rausch sucht sich's nicht nach mehr, weil sich die Findung im Rausch einräkelt in die Fülle. Da ist kein Fliehen mehr, kein Vergessenwollen, kein Anderssein, weil alles rauscht und reicht aus der Fülle des Nichts. Nüchternste Nüchternheit: nicht mehr die Befriedigung der Bedürfnisse, sondern die Befriedigung durch Bedürfnislosigkeit – und zwar als Rausch –, wie bei der seligen Hingabe an die ersten warmen Strahlen der Frühlingssonne oder beim Gehobenwerden von einer Meereswelle oder beim vollen Spüren des Winds auf der Haut ... oder jeder anderen uns sinnlich oder intellektuell ganz erhebenden Situation. Die Zufriedenheit in derart erfüllten und erfüllenden Momenten ist gänzlich jenseits von Bedürfnis und Befriedigung angesiedelt. Mit andern Worten: Für den Seligen ist jede Befriedigung – im Sinne von das Beste, Meiste, Schönste, Leckerste bekommen – uninteressant, weil

er weit jenseits des Zustands der Unbefriedigung andere, größere Fülle genießt.
Dies ist die Weggabelung, an der Sucht und Sehnsucht in verschiedene Richtungen gehen. Ihr Antrieb ist ähnlich: nämlich das Verlassen eines unzureichenden Zustands. Beide streben über das, was ist, hinaus. Die Sucht sucht die Befriedigung im erlösenden Rausch. Die Sehnsucht sucht die Erfüllung im restlosen Aufgehen im Augenblick. In diesem Sinne können wir die alles andere relativierende Augenblickswertschätzung aus Goethes *Faust* verstehen:

> *Werd ich zum Augenblicke sagen:*
> *Verweile doch, du bist so schön!*
> *Dann magst du mich in Fesseln schlagen,*
> *Dann will ich gern zugrunde gehn!*

Die genialste Erlösung von der Sucht ist somit, an der Weggabelung die Sehnsuchtsrichtung einzuschlagen. Konkreter bedeutet das: Wir kämpfen nicht mehr gegen Süchte an, sondern entdecken mehr und mehr die Sehnsucht, um uns von ihr ziehen zu lassen. Die Aufmerksamkeit und die Gedanken sind bei der befreienden Alternative, anstatt beim Zustand der Unbefriedigung und dem Problem seiner Befriedigung zu sein. Das ist natürlich eine riesige Herausforderung und ein echtes Training. Aber immerhin geht es um unser Leben und unsere Lebensfreude!

Aufbruchsfragen
- Welche Bedürfnisse könnte ich umerfinden?
- Und welche Befriedigungen?
- Wie lebte ich, wenn nebenwirkungsfreies Wohlbehagen das Regiment führte?
- Ich liebe mich so, wie ich bin, weil ...
Wie könnten labende Begründungen lauten?

Phantasie-Ausbruch
Meine fröhliche Nichtsuche.

Impulse, Sinniges und Unsinniges
- Wir konsumierten anders, wenn wir für die eigentliche Sehnsucht Ruhe hätten.
- Nicht-süchtig-Sein ist nichts wollende Sehnsucht.
- Resignation ist Mangel an Alternative.
- Die Bedürfnisbewussten bestellen sich ein selbst zusammengestelltes Menü. Die Bedürftigen essen, was serviert wird.
- Drogen bringen Ersatz, nie Befriedigung. Die Tatsache, dass etwas ersetzt werden muss, sagt, es hat etwas gefehlt.
- Je vollherziger wir sind, umso weniger müssen wir in uns hineinstopfen.
- Suchtvollzug als Momentrausch, aber niemals als Allroundbefriedigung!
- Je spüriger wir sind, umso schneller geht die Entwicklung. Wenn ich gut hinspüre, merke ich Unbehagen beim dritten Kotelett und muss mich nicht beim zehnten übergeben. Die Unersättlichkeit ist immer auf dem Ersatzfeld, nie am wahren, wirklichen Ort.
- Sich das Richtige nehmen und nicht mehr an der falschen Stelle darauf warten, befreit von der Sucht.
- An erster Stelle steht die Entscheidung fürs Leben und nicht gegen die Sucht.
- Nicht die Sucht bekämpfen, sondern die Alternative leben!
- Stellt euch vor die dritte Portion Nachspeise und fragt euch: »Wer gewinnt?«
- Süchte blockieren etwas Besseres.
- Wenn wir aus der Gefallsucht aussteigen, haben wir auch Entzugserscheinungen.
- Wie kann ich unterscheiden zwischen Hingabe und Sucht? Indem ich mir folgende Fragen beantworte: Komme ich zur Sattheit? Wie fühle ich mich hinterher? Suchtvollzug hat ein gewisses Tempo, Hingabe ist spielerisch.

☺ *Ich sollte*
eigentlich nicht oder nicht so oft oder nicht so viel. Ich mach's aber trotzdem! Und zwar viel und oft, – und es wäre vollendete Herrlich-

keit, wenn ich nicht immer dächte, ich sollte nicht. Also denke ich doch einfach, dass ich soll, weil ich will, aber ich will nicht, was ich tue, obwohl ich's tue; also muss ich, was ich will, ohne es zu wollen zur Erfüllung eines unerwünschten Lebens, das ich schließlich doch will, weil ich gratwandernd zwischen den Abgründen nur meine Sucht als Halteseil glaube.

Alles nur wirbelige Unsinnsdreher, bis die Sucht in der Sehnsucht zerfällt.

Koan
Anstelle aller Süchte lege ich *mich* ab. Und dann?

> Wer könnte so verrückt sein und sterben, ohne sich wenigstens in seinem Gefängnis umgesehen zu haben?
>
> MARGUERITE YOURCENAR

Beziehungskorsett

☺ *Der ideale Partner*
Luise beschreibt ihren Traumpartner: »Das Großartigste an ihm ist, dass er sich liebt. Deshalb kann er auch mich lieben. Er ist erfolgreich im Beruf. Deshalb freut er sich über meine Erfolge. Er ist nicht streng mit sich und auch nicht mit mir. Er sagt immer sofort, was er denkt. Bei ihm staut sich nichts an, und ich brauche nichts auszubaden. Er macht einfach, was er will. Neulich fuhr er ohne mich in Urlaub. Er kann verstehen, wenn ich auch mache, was ich will. Er ist glücklich – sogar ohne mich. Deshalb muss ich nicht die Last tragen, ihn glücklich zu machen. Mein Partner ist wunderbar! Der einzige kleine Nachteil: Ich weiß nicht, ob es ihn gibt.«

Beziehungssanierung
- Beide schreiben ihre Wünsche unabhängig voneinander auf. Dann sehen, was jeder erfüllen kann und will.
- Beide schreiben auf, was sie (noch) gerne mit dem/der ande-

ren machen. Auf dieses Gemeinsame dann den Schwerpunkt legen.
- Pro Monat wird mal vom einen, mal vom andern ein Überraschungswochenende organisiert.
- Alle Verletzungen aufschreiben, dann aussortieren und nur stehen lassen, was noch wehtut, diesen Rest einander vorlesen, anerkennen, dass es sich jeweils so angefühlt hat (nicht diskutieren), dann Abmachung, den Altkram nie wieder im Gespräch zu benutzen.
- Für das Gelingen von Partnerschaften ist der Ausgleich wichtig. Daher hier die Ausgleichscheckliste:
- Ich gebe (in Prozent)

__% im Gespräch
__% in der Sexualität
__% im Kümmern / Fürsorgen
__% im Einfühlen
__% im Haushalt (Innenbereich)
__% im Haushalt (Außenbereich)
__% Finanzregelungskram
__% Autoservice
__% Kinder
__% geistige Anregung
__% Organisation von Reisen, Geschenken, Besuchen, Festen, Freizeit
__% Entwicklungsimpulse
__% Zeit (in Stunden)
__% finanziellen Beitrag
__% _____
__% _____

Beide schreiben auf, wie viel Prozent sie zu geben meinen. Allein das Vergleichen der Prozentzahlen gibt Gesprächsstoff und manchmal enorme Erkenntnisschübe. Die Ausgewogenheit zwischen Geben und Nehmen braucht sich nicht in den einzelnen Kategorien niederzuschlagen, sondern sollte unterm Strich rauskommen.

Phantasie-Ausbruch
Meine Partnerschaft: ein Freudenfest/Fegefeuer.

Impulse, Sinniges und Unsinniges
- Wenn ich den Intellekt meines Partners nicht mehr erreiche, werfe ich mit Geschirr. Der Wunsch beim Tellerwurf ist, dass der andere endlich zuhört. In der Telekommunikation fliegen weniger Teller, weil man auflegen kann.
- Ich habe mich reißverschlussartig im Mist eingerichtet und spreche von einer guten Partnerschaft.
- Wenn ich im Affekt weggehe, gehe ich nicht.
- Eine Partnerschaft ist oft eine Leidbedienstation.
- Manchmal verändern sich unsere Partner von jetzt auf gleich, nur weil wir aufgehört haben, sie zu erziehen.
- An unseren Partnerschaften können wir gut ablesen, was noch zu integrieren ist.
- »Wo ist der Mann, der mich durchs Leben trägt?« Da verkümmern die Beinmuskeln, ich rate davon ab!

Ich schwäche den anderen durch zuviel Hilfestellung; deshalb sterben Männer früher.

- Mit dem Koffer unter dem Türrahmen fällt oft doch noch Gefühl ab – so beim coolen Partner, den ich im Begriff bin zu verlassen.
- Mit »Ich liebe dich« verbindet jeder etwas anderes. Deshalb ist's nützlich, über die Gestaltung der Beziehung zu sprechen.
- Was es in Beziehungen zu lernen gilt: zu sagen, was man will!
- Die Beziehung ist zu Ende, wenn das Stadium der Gleichgültigkeit erreicht ist.
- In jeder Partnerschaft lügen wir uns in die Tasche. Wir machen den Partner toller oder mieser, als er ist.
- Das Ziel der Partnerschaft ist es, den anderen wieder als Partner zu sehen und nicht als permanente Müllkippe.

- Die Ehe ist ein Karmabeschleuniger.
- Eine Frau muss mehr bringen – im Sinne von Apportieren.
- Wenn wir selber aus der Versteifung rausgehen, wird der andere auch weicher.

Koan
Welche Luft atmet mich außerhalb jeder Enge?

> Unser Denken schafft Probleme, die auf derselben Ebene des Denkens nicht gelöst werden können.
> ALBERT EINSTEIN

Denken

Unser Denken spielt sich in zwei grundlegend verschiedenen Kategorien ab, und zwar:
1. Das sich bewegende Denken
Es erhält seinen Stoff und seine Denkanlässe entweder via sinnliche Wahrnehmung von Äußerem und befasst sich mit der praktischen Alltagsbewältigung, den empirischen Wissenschaften, dem Erfassen der Außenseite von Welt. Oder es erhält seinen Stoff von Innerem, wie zum Beispiel mathematischen Denkprozessen, Phantasien, allen Bewusstseinsinhalten, die in mir auftauchen, dem Erfassen der Innenseite von Welt und Leben. Ob sich das Denken nun im äußeren oder inneren Weltraum bewegt, ihm ist in beiden Fällen eigen, eine Richtung einzuschlagen.
In dieser ersten Kategorie sind wir geistig aktiv, was durchaus sehr erfolglos sein kann, aber immerhin aktiv. Wir machen etwas mit unserem Kopf, da geht mehr oder weniger strukturiert und konstruktiv die Post ab. Zum sich bewegenden Denken gehören die willkürlich gesteuerten Gedanken ebenso wie die unwillkürlichen. Egal, ob wir die Gedanken bewusst vorantreiben oder ob sie ungebeten in uns auftauchen, ob sie

nützlich oder unnütz, beglückend oder verstimmend sind – in dieser Kategorie ist Bewegung. Und in ihr befinden wir uns fast ausschließlich.

2. *Das sich nicht bewegende Denken*
Hier geht's nicht um ein dumpfes Dösen, nicht um mentale Tilts oder Blackouts, sondern um ein Denken, das unter Bewahrung vollständiger Wachheit zum Stillstand, zur Ruhe gekommen ist, das bei sich selbst ist, ohne über sich zu reflektieren. Hannah Arendt spricht von der »... Selbstreflexion, in der das an sich völlig unbewegte Sich-seiner-selbst-bewusst-Sein aktiv wird ...«.[13] Das Spannende an dieser zweiten Kategorie ist nun, dass die Aktivität dieses Denkens völlig anderer Art ist. In der absoluten, wachen, stillstehenden Ruhe entsteht eine Art »Raum im Bewusstsein«, in dem sich eine völlig andere Spezies von Erkenntnissen, Wahrheitserlebnissen oder Intuitionen einstellen kann. Es vollzieht sich etwas in unserem Bewusstsein, das weder willkürlich noch unwillkürlich von uns gemacht wird. Meinem Verständnis nach handelt es sich hier nicht um mysteriöse Sonderzuwendungen außerirdischer Wesen, sondern ganz schlicht um das Erleben nächster, ganz natürlicher Stufen in unserer Bewusstseinsentwicklung. Und logischerweise sind wir mit einem neuen, weiteren Bewusstsein neue, andere Menschen mit einem neuen Erkenntnisradius, einem neuen Erleben, neuen Wahrheiten, einer neuen Welt.

Ken Wilber beschreibt folgendermaßen, was in diesem Zustand der exquisiten Stille eines innehaltenden Denkens passiert: »... die flüchtigen Freuden und privaten Kümmernisse des vereinzelten Ich üben keine Faszination mehr aus. Hier steht man still und schweigend und bildet eine Lichtung, eine Öffnung, durch die Licht fällt, aber nicht aus der Welt herein, sondern in die Welt hinaus – es ›scheint ein Licht durch uns auf die Dinge‹«.[14]

Die Annäherung an diese zweite Kategorie gelingt natürlich eher, wenn wir immer weniger in unserer Sörgel-Nörgel-Trübel-Grübelgedankenschicht kleben; wenn wir also den Kopf frei haben und nicht so sehr mit unseren »flüchtigen Freuden und privaten Kümmernissen« identifiziert sind. Dann endlich die Erkenntnisfülle, die sich der ruhigen, wachen Unbewegtheit schenkt!

Aufbruchsfragen
- In welchen Situationen und wie erlebe ich die hier beschriebene zweite Kategorie des Denkens?
- Weiß ich, wie ich das sich nicht bewegende Denken fördern kann?
- Lasse ich das Bewusstsein der wachen Gedankenstille gewähren oder bin ich eher bestrebt, diesen Zustand zu fliehen?
- Wie wäre es, wenn ich mehr Abstand zu mir gewönne, indem ich meine Gedanken beobachtete?
- In welchem Zustand kommen mir die besten Ideen?

Phantasie-Ausbruch
Wie und wann ich exquisite Stille erlebe ...

Impulse, Sinniges und Unsinniges
- Am Beginn des Verstehens steht immer, dass wir zunächst aushalten, nicht zu verstehen. Wir öffnen uns dem Nichtverstehen und warten auf die Antwort. Je höher die Bereitschaft, sich dem Nichtverstehen genüsslich zu öffnen, desto weniger Zeit verstreicht, bis das Verstehen kommt. Verstehen heißt kommen lassen, nicht machen.
- Den Intellekt voll nutzen und dann ins Wunder springen.
- Die letzte Erkenntnis kann immer der Irrtum meiner nächsten Erkenntnis sein.
- Es ist besser, wenig zu wissen und dafür denken zu können.
- Das Glück müssen wir selbst erwirken. Ich beginne jetzt und hier, über mein Leben nachzudenken.

Raus aus der Birne und rein ins Leben!

- Aus einer Situation wird nur dann ein Problem, wenn ich nur darüber nachdenke anstatt zu handeln.
- Wenn ich mir zu schnell einen Rat hole, birgt das die Gefahr, dass ich mich bevormunden lasse, weil ich nicht zu Ende gedacht habe.
- Sich im Geiste etwas bis zum Ende klar zu machen, bewirkt schon etwas.
- Lege dich nicht fester, als der Intellekt hält!
- Denken als etwas Kreatives! Je mehr ich die Hirnplattenkonserve benutze, desto weniger denke ich.
- Denken anstatt sich Gedanken machen!
- Die Alleinherrschaft der Vernunft führt zur affektiven Verarmung.
- Zu viel des Denkens stört den Kontakt zu mir selbst.
- Wer keine Visionen hat, denkt zu viel.

Koan
Wer bin ich, wenn ich ganz wach bin und nicht denke?

> Das Glück kann man nur festhalten,
> indem man es weitergibt.
> NOSSRAT PESESCHKIAN

Dilemma

Das klassische Dilemma ist eine Situation, in der ich's nur verkehrt machen kann: Wenn ich A mache, ist's unbefriedigend, und wenn ich mich auf B verlege leider auch. Ein phantastisches Beispiel für ein Dilemma kommt in Nietzsches Satz über die Bettler zum Ausdruck: »Man soll die Bettler abschaffen: Denn man ärgert sich, ihnen zu geben und ärgert sich, ihnen nicht zu geben.«[15]
Ein Dilemma ist eine Art Zwickmühle: Wenn ich handle, gehe ich in die Falle, wenn ich nicht handle, bleibe ich in der Falle. Oder noch ein Beispiel: Ich weiß, dass mir nur Herbert

helfen kann, aber Herbert darf nicht wissen, dass ich seine Hilfe brauche.

Lösungsfragen
- Wie lässt sich die eine oder andere Seite des Dilemmas so verändern, dass ich sogar einen Nutzen daraus ziehen kann?
- Ich gehe davon aus, dass mich jedes Dilemma darauf aufmerksam macht, die Lösung in einem Dritten zu suchen. Ich frage mich also, wie diese Alternative aussieht ...
- Fordert mich das Dilemma auf, eine grundsätzlich andere Richtung einzuschlagen? Welche?

Phantasie-Ausbruch
Meine genialsten Lösungen dilemmaröser Situationen.

Impulse, Sinniges und Unsinniges
- Wenn einer total verdreht ist, was soll ich dann noch Seelenkissen unterschieben? Er wirft doch nur damit nach mir.
- Wer zickig ist, ist zackig.
- Die Person, die schleppt, ist belastet. Die Person, die geschleppt wird, wird geschwächt.
- Im Entweder-oder-Zweifel nimm das Dritte!
- Wenn wir die Verantwortung für uns nicht übernehmen, sind wir Opfer und im schlimmsten Fall abhängige Bittsteller.
- Wer grapscht, nimmt nicht.
- Gemäß unserer Prägung ziehen wir die entsprechenden Ereignisse an, wodurch jede Prägung blöderweise nochmals bestätigt wird.
- Sprache ist eine Notwendigkeit, um in der Teilheit zu überleben, weil Teilheit Kommunikation erfordert, während Ganzheit in der Kommunion jubelt. Sprache produziert wieder ein Stück Ganzheit. Wer nicht spricht, verschärft die Teilheit. Aber: Wenn ich in der Ganzheit bin und spreche, produziere ich Teilheit.
- Am Anschlag setzen wir uns gemütlich hin.

- Wenn ich meinen Freiheitslevel nach den Bedürfnissen meines Gegenübers bemesse, habe ich meine Freiheit schon verraten.
- In die Veränderung komme ich nur, wenn ich vorher das Unangenehme voll zugelassen habe.
- Wir würden doch längst alles anders gemacht haben, wenn wir gekonnt hätten.
- Manche verhindern aus Enttäuschungsprophylaxe das ganze Leben.

Koan
Wer steckt im Dilemma, wenn ich auf das Problem verzichte?

> Es gibt nicht genügend Pelze, um einen Neurotiker zu wärmen.
>
> A. Janov

Distanz und Nähe

An der Wurzel der Distanz-Nähe-Thematik liegen folgende beiden Pole:

Dazugehören	*Ausgeklammertsein*
Vertrauen/Urvertrauen	Misstrauen
Gefühl der Verbundenheit	Separatheitsgefühl
Gemeinschaftsgefühl	Alleinstehen
Kontaktfähigkeit	Autismus
Spontaneität	Coolsein
Kreativität	Abhängigkeit
Angstfreiheit	extreme Verletzbarkeit
Autonomie	Heteronomie
In der Welt ist's heimelig.	Die Welt ist feindlich.
Ich gehöre selbstverständlich dazu.	Ich bringe mich selbst ins Abseits durch Beleidigtsein, Zynismus etc.

Lösungsfragen
- Wie viel Nähe und Distanz brauche ich, um nicht unnötig verletzt zu werden, zu:
  - Partnern
  - Freunden
  - Nachbarn
  - Familie
  - Kollegen
- Brauche ich mehr Mut zum Ja-Sagen oder zum Nein-Sagen? Wem gegenüber möchte ich Mutproben riskieren? Und welche?
- Was ist mein Freiheitsbedürfnis? Was ist mein Nähebedürfnis? Kann ich diese Bedürfnisse mit meinem Gegenüber teilen?

Phantasie-Ausbruch
Mein Nähegenuss und meine Distanzfeiern

Impulse, Sinniges und Unsinniges
- Die Nähe scheint nicht zu halten, was die Sehnsucht noch sucht.
- Blamage stiftet Nähe.
- Es gibt die Symbiotiker und die Autisten.
- Höflichkeit ist eine Vermeidung von Distanz und Nähe.
- Nichts bringt so viel Nähe wie Echtheit und Authentizität. Will ich von Maske zu Maske leben oder von Kern zu Kern?
- Wenn ich zu meinem Bedürfnis von Distanz und Nähe stehe, heißt Distanz Freiheit und Nähe Vertrauen.
- Die Trennmauer zwischen mir und andern ist nicht so schlimm wie die Trennmauer in mir selbst.
- Distanz birgt die Gefahr, verlassen zu werden – Klammern auch.
- These: Wenn ich einen distanzierten Partner habe, repräsentiert dieser meinen eigenen, nicht gelebten Distanzanteil. Wenn ich einen klammernden Partner habe, repräsentiert der meine Sehnsucht nach Nähe, die ich mir so nicht erlaube.

- Wenn ich Nähe brauche, nehme ich dem andern etwas weg. Wenn ich sie genieße, dann fließt uns beiden etwas zu. Im Brauchen bin ich abhängig.
- Streit und Zoff sind Distanzgarantie bei gleichzeitiger Näheillusion.
- Nähe heißt nicht: »Schleppe meinen Mist mit.«
- Jedes Problem enthält die Chance zu größerer Nähe.
- Wo fange ich an, den andern negativ zu sehen, um Distanz herzustellen?
- Wirkliche Nähe ist nur bei gleichzeitiger Autonomie möglich.
- Klebenähe ist verfehlte Nähe zu sich selbst und zementiert Distanz.

Koan
Wen spüre ich, wenn ich mit mir kongruent bin?

> Nichts ist schwierig. Schwierig ist es herauszufinden, dass es nicht schwierig ist.
> LUDWIG HOHL

Druck

☺ *Druck als Lebenshilfe*
Else: »Ich brauche Druck.« Franz-Josef: »Ohne Druck läuft bei mir gar nichts!« Karl: »Erst wenn der Druck ein bestimmtes Maß erreicht hat, komm ich in die Gänge.« Elvira: »Also etwas Druck muss schon sein.« Bruno: »Höchstleistung bringe ich nur, wenn ich ordentlich Druck habe.«
Wie lange wollen wir diese Stimmen aus dem Volke noch überhören? Hier ein paar Tipps für Arbeitgeber, die ihren Angestellten das Leben durch liberale Weichheit nicht schwer machen wollen.

☺ **Arbeitgeber sollten**
- sehr hohe Erwartungen haben; das spornt an;
- eine enge Terminplanung vorgeben; das motiviert;

- nie loben, damit die Arbeitnehmer nicht in eine behagliche Selbstgefälligkeit rutschen;
- niemals Erfolgsbeteiligungen anbieten. Erfolge sind selbstverständlich, wenn sie nicht erbracht werden, dann sofort
- dem Angestellten kündigen; das erhöht die Motivation am nächsten Arbeitsplatz;
- keinen Spielraum für Eigeninitiave, Eigenverantwortung oder methodische Eigenständigkeit lassen; das überfordert den Arbeitnehmer, der glücklicher ist, wenn er im Druck der Fremdbestimmung werkeln darf.
- Wer nicht das Glück hat, einen derart wohltätig drückenden Arbeitgeber (oder in Abwandlung: Partner, Nachbarn, Kind, Elternteil) zu haben, muss halt schauen, wie er sich den Druck selbst auferlegen kann ...

Lösungsfragen
- Welche Fremdbestimmung liegt vor? Kommt sie von außen oder innen?
- Wie sähe meine Eigenbestimmung im Druckfall aus?
- Wie könnte ich sie realisieren?
- Gibt es eine (heimliche) Ecke in mir, die scharf ist auf die Vorgaben anderer? Was befürchtet diese Ecke? Hat sie wirklich Recht?
- Wie sähen realistische Erwartungen an mich und andere aus?

Phantasie-Ausbruch
Ein Dialog zwischen Begeisterung und Druck.

Impulse, Sinniges und Unsinniges
- Die erste Radikalität beginnt im Kopf.
- Wenn der Anspruch zu hoch ist, wird der Saboteur stark.
- Wir können nicht von uns erwarten, dass wir immer 1a und super drauf sind. Damit machen wir uns den Oberdruck.
- Sich fördern tut gut. Sich überfordern nicht.
- Mit dem Anspruch erdrücken wir uns. Mit dem Impuls befreien wir uns.

- Der Brutgewinn des Leidensdrucks ist, dass wir in die Ehrlichkeit gepusht werden.
- Druck ist eigener, nach außen verlagerter Antrieb. Daher folge der Maxime: Was auch immer drückt, das sei probiert.
- Der Vorsatz erhöht immer den Frust, sonst wären doch alle Raucher längst clean.
- Jede Selbstvergewaltigung hat die Fremdvergewaltigung in der Hinterhand.
- Wenn der Leidensdruck groß ist, können wir leichter radikal werden.
- Mir nachgeben, nicht mir Druck machen!

Koan
Wer sitzt am Drücker des Drucks?

> Evolution ist ... ein beständiger Rückgang der Egozentrik.
> KEN WILBER

Egozentrik

Egozentrik ist die Unfähigkeit, den eigenen Blickwinkel zu verlassen. Das bedeutet zum einen, dass der Egozentriker alles auf sich bezieht: Jeder unfreundliche Tonfall, jeder hängende Mundwinkel, sogar der Verkehrsstau werden von ihm als Attacken erlebt. Zum andern bedeutet es, dass er seinerseits die Welt nur von sich her deutet und beurteilt. Folgende Konsequenzen sind unvermeidlich:
1. Der geistige, seelische und sogar körperliche Wahrnehmungsradius bleibt ziemlich statisch auf die eigene Position reduziert. Das erschwert Veränderung und Flexibilität. Entwicklung ist eher gewaltsam als geschmeidig.
2. Andere werden nur so gesehen, wie der Egozentriker sie deutet. Das vereitelt echten Kontakt und wirkliche Anteilnahme.

3. Die eigenen Reaktionen geschehen automatisch aufgrund der egozentrischen Perspektive und können weder gestaltet noch anderweitig gesteuert werden. Eine erhebliche Unfreiheit ist damit unausweichlich.
4. Je starrer der eigene Blickwinkel ist, umso schwerer ist es offensichtlich, mit Gegebenheiten spielerisch umzugehen. Deshalb tummeln sich Sachzwänge gern beim Egozentriker.

Lösungsverhalten
- Könnte ich mir angewöhnen, negative Deutungen durch positive Deutungen, *die auch stimmen*, zu ersetzen?
- Wie wäre es, wenn ich Vorwürfen und Verletzungen die Landefläche bei mir entzöge,
  - indem ich mich ganz auf das Erleben der vorwurfsvollen Person konzentriere, anstatt mich mit meiner Reaktion auf ihren Vorwurf aufzuhalten;
  - indem ich engagiert nachfrage, wenn eine Verletzung abgeschossen wird. Folgende Fragen auf die beleidigende Äußerung, dass ich ein hirnloses Huhn sei, sind denkbar:
- Beobachtest du das schon lange an mir?
- Hast du mich jemals anders erlebt?
- Wann zeigt sich meine Hirnlosigkeit ganz besonders?
- Was löst sie in dir aus?
- Siehst du eine Chance, dass ich gesunde?
- Die Fragen dürfen durchaus einfältig(!) sein oder sollen wirklich einfühlsam berücksichtigen, dass sich hinter jeder zugefügten Verletzung ein eigener Schmerz verbirgt.
- Ich könnte die Wichtigkeit meiner Person auch durch phantasierte Antworten auf Smalltalk-artige Höflichkeitsfragen aufweichen. Gefragt, was ich denn beruflich mache, sage ich einfach: »Mich fröhlich durchschlagen.«

Phantasie-Ausbruch
Mein herrliches Leben ohne mich.

Impulse, Sinniges und Unsinniges
- Wenn die Korrektheit über der Intuition steht, wird sie zum Hindernis und verblendet unsere Gesamtschau.
- Jeder Sachzwang, den wir glauben, versperrt die Gefängnistür noch mehr.
- Im Sachzwang-Denken blenden wir die Alternative aus.
- Welch großes Glücksgefühl, wenn wir die Umstände verlassen!
- Wir dürfen uns nicht glauben, wenn wir über Sachzwänge reden.
- Wir sind mehr als unsere Biographie.
- Je mehr ich etwas verteidige, umso mehr schimmert mein Ego durch.

DAS SELBST IST DAS, WAS ÜBRIGBLEIBT, WENN WIR TOTAL LACHEN.

- Das Ego besteht aus Schutz- und Abwehrmechanismen, die ein Pseudoparadies hochhalten sollen. Echtes Glück bedeutet Tod des Egos.
- Solange ich im Ego hänge, kann sich nichts Neues ereignen. Es können nur Wiederholung und Reproduktion kommen.
- Identitätspflege ist anstrengend, weil sie das Ego aufrechterhalten will.
- »Wie haben Sie Ihr Ich überwunden?« »Ich habe mich kaputtgelacht.«

Koan
Wo bleibe ich, wenn mein Ego mein Zentrum ist?

> Eifersucht ist Angst vor dem Vergleich.
> MAX FRISCH

Eifersucht

Die Eifersüchtigen fühlen sich in ihrem Glücksstatus und in ihrem Selbstwert durch einen Nebenbuhler oder eine Nebenbuhlerin bedroht. Im Grunde können sie auf alles eifersüchtig sein, was einen Spitzenplatz in der Vorliebenliste der geliebten Person bekleidet. Das kann ihr Frauenkränzchen genauso wie sein Männergesangsverein oder gar seine PC-Besessenheit sein. Richtig spektakulär und für beide besonders belastend ist die Eifersucht, die sozusagen aus dem Nichts gezaubert ist und dem andern die Hölle heiß macht, obwohl es keinerlei Anlass dafür gibt. Gabi ist in dieser Eifersuchtsform besonders versiert. Hier die Holger-Etappe ihrer Eifersuchtskarriere:
Holger liebte Gabi über alle Maßen und wollte sie auf Händen tragen. Bereits zu Beginn ihrer Beziehung deutete Gabi an, dass sie immer die Einzige für ihn sein wollte. Das schmeichelte und freute Holger, und gerne versprach er seiner Einzigen, dass sie immer die Schönste, Wichtigste, Geliebteste in seinem Leben sein sollte. Doch mit diesem leicht und von ganzem Herzen gegebenen Versprechen sollte er Mühe haben. Gabi war nämlich nach einiger Zeit klar, dass er noch eine andere Frau liebte und begehrte. Er beteuerte ihr, dass dem nicht so sei und konnte sie kurzfristig beruhigen. Aber Gabis Eifersucht blieb hartnäckig, und immer wieder sprach sie anklagend von jener Nebenbuhlerin, die real allerdings überhaupt nicht existierte! Die Situation wandelte sich vom Schmeichelhaften zum Quälenden, als Gabi Indizien und Beweise für die Existenz einer aus ihrer Sicht vorhandenen Geliebten anführte. Ihre Phantasie war dabei sehr blühend: Jede Geistesabwesenheit Holgers deutete sie als Liebestagtraum, der jener andern galt, jedes Telefonat, das er ohne ihr Dabeisein führte, galt der andern, jede Verspätung bedeutete Zeit, die der andern geschenkt war, jedes neue Hemd, jede Anschaffung, das

neue Rasierwasser – alles war für Gabi Zeichen dafür, dass er die andere beeindrucken wollte.

Holger war schließlich ganz verzweifelt. Er konnte erklären, begründen, beteuern und beweisen – alles vergeblich; Gabi blieb bei ihrer Theorie und machte beiden das Leben schwer. Holger nahm noch einmal einen Riesenanlauf und überschüttete Gabi mit Gunstbezeugungen in der Hoffnung, sie dadurch von ihrer Eifersucht zu befreien. Das Gegenteil geschah: Gabi war nun klar, dass er sich nur so verhielt, weil er wegen der andern (die es immer noch nicht gab) ein schlechtes Gewissen hatte. Damit war Holgers Ohnmacht besiegelt. Es war entsetzlich für ihn – eben weil er Gabi so liebte.

Und dann kam es, wie es kommen musste. Holger lernt auf einer Tagung die völlig unkomplizierte und frohgemute Lola kennen, die er in seinem Gabi-Drama als Entspannung und Labsal erlebt. Die beiden unterhalten sich angeregt und just in dem Moment, als die temperamentvolle Lola Holger auf die Wange küsst, schießt Gabi das Foto aus dem Hinterhalt ...

Jetzt hat Gabis Eifersucht endlich eine Trumpfkarte in der Hand. Mit dieser wird die Beziehung beendet, worüber beide sehr traurig sind.

Lösungsfragen
- Bin ich grundsätzlich bereit, die Eifersucht als mein Problem zu sehen, anstatt meinen Geliebten das Leben schwer zu machen?
- Ist mir der Unterschied zwischen fundierten und unfundierten Beobachtungen oder zwischen monologisch deutender und dialogisch deutender Wahrnehmung klar? Wenn nicht, dann bitte das Kapitel »Deutungen durch fundierte Beobachtungen ersetzen« (Seite 189) besonders zu Herzen nehmen. Durch die radikale Einübung von fundierten Wahrnehmungen und dialogischen Interpretationen können wir uns vom Gespenst verhängnisvoller Vorstellungen befreien.
- Wie könnte ich mich selbst glücklicher machen?
- Wie könnte ich meinen Selbstwert so stärken, dass ich keine Angst mehr vor dem Verglichenwerden hätte?

Phantasie-Ausbruch
Meine Beziehung(en) ohne Eifersucht.

Impulse, Sinniges und Unsinniges
- Mit Wut und Eifersucht verhindere ich die heilsame Handlungskonsequenz.
- Neid enthält die Aufforderung, sich zu verschaffen oder anzueignen, was beneidet wird.
- Wo der Geist ist, ist die Energie; zum Beispiel in der Eifersucht.
- Manipulation ist immer Ausgeburt der eigenen Angst. Wenn ich nicht manipuliere, stehe ich in der Offenheit des Vertrauenmüssens.
- Beziehungsfähigkeit: Ich kann den andern so lassen, wie er ist. Ich kann so sein, wie ich bin.
- Es geht im Kontakt um den Mut, die Verantwortung für die eigenen Gefühle zu übernehmen.
- Probleme schleichen sich durch die Verleugnung der eigenen Bedürfnisse in die Beziehung.
- Gefährlich wird Halbwissen da, wo es vorgibt, Ganzwissen zu sein.
- Die Kunst ist, so einfach zu denken, dass wir in eine Begebenheit nichts mehr hineinlegen, aber alles herausholen.
- Wenn die Verwicklung um sich schlägt, fällt das Denken zusammen.
- Wenn etwas Neues anfängt, sollten wir es nicht mit Altmist speisen.
- In dem Moment, in dem wir zu unserem ganzen Leben eine Alternative haben, sind wir frei. Nur nie das Leben an eine einzige Hoffnung hängen!
- Wir dürfen uns nur mit uns vergleichen, niemals mit andern.
- Unsere Wahrnehmung ist vorverständnisbedingt. Alles, was vorverständnisbedingt ist, darf keine absolute Position einnehmen.

☺ *Tipps zur effektiven Zermürbung von Liebesbeziehungen mittels Eifersucht*
- Verfolgen Sie Geliebte möglichst lückenlos mit Ihrer Eifersucht. Dazu ist die Entwicklung strenger Kontrollmethoden unerlässlich.
- Lernen Sie die leichte Verdrehung von Tatsachen. Machen Sie aus einem interessierten Blick einen nachstellenden.
- Nützlich ist es ferner, Dinge nie direkt anzusprechen, sondern erst viel später, so dass Sie sicher sein können, dass Ihr geliebter Mensch sich nicht mehr genau erinnern kann. Dadurch treiben Sie ihn gekonnt in die Ohnmacht.
- Mitunter kann es wirkungsvoll sein, eine blanke Behauptung folgender Art aufzustellen: »Ich weiß genau, dass du nicht alleine im Club warst.«
- Vergessen Sie nie Ihr Ziel: Der Geliebte muss vor Ihnen knien und bei seiner Seele schwören, dass Sie der Inbegriff seines Sinnens sind.

Koan
Was bleibt von mir, wenn ich gar nichts wert bin?

> Der Starke wächst in der Einsamkeit, der Schwache verdorrt in ihr.
> KHALIL GIBRAN

Einsamkeit

Einsamkeit ist, ohne Echo zu sein: Von dieser abstrakten Definition können wir alle Einzelformen der Einsamkeit ableiten. Anders formuliert lautet obige Definition: Einsamkeit ist ohne echte Begegnung, ohne Bezug zu sein. Hier einige Einzelformen:
- Wer in der Natur ist und sich mit dem Wald, dem Meer, den Tieren verbunden fühlt, ist nicht einsam. Widerhall und Echo sind da. Wer jedoch inmitten der schönsten Natur

ist und nichts spürt, für den hallt nichts wider. Er ist einsam.
- Wer viele Bekannte hat, ohne dass eine Begegnung stattfindet, der ist einsam. Seine Seele bleibt ohne Echo.
- Wer hingegen mit einem wildfremden Menschen Spaß hat, dessen Seele gerät in Schwingung, spürt ein Echo, und so ist er nicht einsam.
- Wenn jemand mit einem Freund dieselbe Stille teilt, so ist auch ein Echo da.
- Wenn jedoch zwei Menschen Smalltalk austauschen, so gibt es kein Echo, doch spüren sie vielleicht wegen des Geredes ihre Einsamkeit nicht.
- Die schmerzhafteste Einsamkeit ist, in einer äußerlich begegnungsartigen Situation ohne echte Begegnung zu sein. (Und das ist häufig unser chronischer Zustand.)

Lösungsfragen
- Wann erlebt meine Seele das größte und wann das geringste Echo?
- Wie könnte ich für andere Echo sein?
- Was könnte ich mir von andern wünschen, damit sie mir mehr Echo wären?
- Gibt es Länder, Plätze, Naturgeräusche, Klänge, Stimmen, in denen ich das Echo ganz besonders vernehme?

Phantasie-Ausbruch
Das Gespenst/das Licht meiner Einsamkeit.

Impulse, Sinniges und Unsinniges
- Im Zetern bleibe ich das Kind. Im Entscheiden bin ich einsam und erwachsen.
- Ich trug ihm meine Bitterkeit dreiundzwanzig Jahre nach. Er verbrachte derweil ein gutes Leben.
- Ich kann nicht urteilen, ohne mich von dem Beurteilten zu trennen.
- Nur wer sich selbst genügen kann, ist nicht einsam.
- Nur wer die volle Einsamkeit riskiert hat, wird Mitmensch.

- Nicht erklärte Liebe macht einsam.
- Durch das Anerkennen des Platzes des andern kann ich meinen eigenen Platz besser einnehmen.
- Es ist etwas Tolles zu kündigen, ohne die Kündigung einzureichen.
- Jeder Vorwurf ist sprachlicher Ausschuss.
- Ich werde einen Kopf größer, indem ich dir deinen abhaue.
- Ungehorsam ist ein einsamer Weg.
- Wichtig, wenn ich eigensinnig ungehorsam werden will:
  1. Verantwortung übernehmen,
  2. spüren,
  3. bereit sein zur Einsamkeit.

All-eins-Sein
Es gehört sicher zur erfolgreichen Lebenskunst im oben definierten Sinne, nicht einsam zu sein. Wenn uns alles zum Echo geworden ist, dann schwelgen wir wahrscheinlich bereits in einer Vorstufe von Erleuchtung. Alles ist Echo. Spüren wir diesem Erleben nach: Es bedeutet, dass ich alles verstehe bzw. »empathiere«, wie es ist und warum es ist, wie es ist, und es so lassen kann, wie es ist. Ich befinde mich dann in einem Zustand der selbstgenügsamen Gelassenheit. Das heißt, ich bin ohne Abwehr – selbst in dem Gewahrsein, dass nicht alles paradiesisch ist. Ein solcher Bewusstseinszustand bildet vermutlich den Hintergrund von Catos Ausspruch: »Niemals ist man tätiger, als wenn man dem äußeren Anschein nach nichts tut, niemals ist man weniger allein, als wenn man in der Einsamkeit mit sich allein ist.«[16]

Koan
Wer oder was hallt im Echo wider?

> **Man kann einen seligen, seligsten Tag haben, ohne etwas anderes dazu zu gebrauchen als blauen Himmel und grüne Erde.**
> JEAN PAUL

Elendsprostitution

Jeder einzelne Tag ein kleines Leben für sich. Ich bin bereit und freue mich auf ihn. Da höre ich dein Aufseufzen. Dann die Worte: »Was für ein widerliches Wetter!« Dann dein schweres Stöhnen, als du sagst: »Aach nee.« Ich will mich  nicht beeinträchtigen lassen, ich will mich an den tanzenden Schneeflocken, dem Wetter von heute – sei es noch so aufdringlich – freuen. Doch schon wieder höre ich deine in der Tonlage leicht erhöhte, leidende Jammerstimme. Sie klingt, als würde sie durch einen Fleischwolf gepresst: »Ach, ich hab gar keine Lust – diese ewige Maloche ...« Du gehst wort-, aber nicht geräuschlos in die Küche. Deine Bewegungen sind jetzt eher heftig. Nicht sportlich, sondern vehement bedienst du Toaster und Kaffeemaschine. Laute Geräusche. Als du beinahe aggressiv ein Tuch von der Küchenrolle reißt, bin ich froh, dass es nicht mein Kopf ist.
Leider braucht es nur so wenig, um meine Vorfreude auf diesen Tag zu trüben.

Lösungsfragen
- Welchen Gewinn bringt es mir, dich mein Elend fühlen zu lassen?
- Gäbe es andere Wege zu diesem Gewinn?
- Wie wirkt sich meine Elendsprostitution oder Jammerei auf meine eigene Stimmung aus? Will ich das so?
- Gibt es Situationen oder Menschen, die meine Jammerhaltung besonders auslösen?

- Inwieweit hat sich meine Elendsprostitution bereits verselbstständigt? Wie gut nehme ich sie wahr?
- Bin ich bereit, ein Jammertagebuch zu führen, um so Dampf abzulassen?

Lösungsfragen für die Opfer von Jammerlappen
- Habe ich selbst Jammernischen, die mir nicht voll bewusst sind? (Selbstbeobachtung unter diesem Aspekt ist sinnvoll! Wenn ja, dann siehe oben!)
- Wie könnte ich mit dem Lappen sprechen?
- Mit welchen Verhaltensweisen könnte ich mich schützen?
- Wie könnte ich den Lappen entschärfen?
- Bin ich im Extremfall bereit, den Kontakt abzubrechen? (Definition von Extremfall: Er liegt vor, wenn mir trotz eigener Bemühungen dauerhaft die Laune verdorben und Energie abgezogen wird.)
- Wie könnte ich eine andere Verhaltensweise beim Lappen provozieren?

Phantasie-Ausbruch
Die Widerborstigkeiten in meinem Leben ...

Impulse, Sinniges und Unsinniges
- Nun bin ich mir keine Last mehr, weil ich dir eine bin.
- Resignation heißt, ich halte mich zu lange mit der Vergangenheit auf, ich lasse die Vergangenheit nicht vergangen sein.
- Vorjammern ist eine Form von mittlerer Feigheit. Mit dem Jammern will ich oft eine Erlaubnis vom andern.
- Wenn ich ohne neue Versuche und neue Gedanken ein Elend aushalte, so nähre und verfestige ich es nur.
- Durch das Abjammern halten wir den Ärger konstant.
- Wer sich selbst nicht achtet, wird nicht geachtet.
- Wenn wir uns als Putzlappen fühlen, treten die andern drauf oder wischen sich damit ab.
- Appellierendes Selbstmitleid lockt beim Gegenüber die Sperre hervor.

- Wenn ich mich nicht achte, wird die Welt automatisch überfordert.
- Steter Tropfen bereitet die Höhle für Verzweiflung.
- Auch berechtigt böse zu sein, verdirbt *mein* Leben.
- Bitterkeit ist eingefrorene Vergangenheit.
- Das Unglück bindet uns am meisten.

☺ *Ein Loblied aufs Jammern*
Jammern ist wunderbar. Es geht wie von selbst. Ich brauche mich nicht anzustrengen: Mein Atmen ist Jammern, meine Worte sind Jammern, meine Stimme ist ein ausgesprochener Jammerhöhepunkt. Meine Weltsicht ganz negativ, alles ist herrlich grau. In meinem Leben verfällt alles – auch wie von selbst. Alle stören mich, alle sabotieren mich, alles nervt mich – ich bade im Jammern. Wenn mir gerade mal kein Jammertext einfällt, dann gebe ich wenigstens elende Stöhnlaute von mir. Mir geht es schlecht, ich bin schlecht, die Welt ist schlecht. Meine Kontakte sind unbefriedigend, obwohl ich so schön und so leicht jammern kann. Das Jammern fließt nur so aus mir raus. Ich habe mich im Jammern so festgedreht, dass es sogar ein schöner Halt ist. Ich jammere immer, immer über das Gleiche – auch das gibt Halt. Ich ändere nichts, nicht wirklich jedenfalls – und das ist so leicht! All meine Beziehungen zerbrechen. Ich verstehe nicht wieso.

Koan
Wie bereichert mich die Herrlichkeit meines Jammerns?

> Nichts fördert die Besinnung auf das Gemeinschaftliche mehr als die Aussicht auf den Scheiterhaufen.
> — KEN WILBER

Energiezocker

Ich hab's aufgebaut, du hast es kaputtgemacht. Ich hab's eingepflanzt, du hast es rausgerissen. Ich hab's gesagt, du hast nicht hingehört. Ich hab's gereinigt, du hast es wieder beschmutzt. Ich hab's aufgeräumt, du hast es wieder rumliegen lassen. Ich habe dich gebeten, du hast es versprochen, dann hast du's vergessen. Deshalb hab ich's aufgeschrieben, du hast geschworen, dran zu denken, dann hast du's aber doch wieder vergessen.
Ich raube mir an dir sämtliche Energie.

Lösungsfragen
- Wie kann ich mich ohne Trennung von dir befreien?
- Wie muss ich mein Leben gestalten, um dir weniger Sabotagegelegenheiten zu bieten?
- Welche Angebote meinerseits bereiten Eigentore vor?
- Wo ist bessere Abgrenzung angesagt?

Phantasie-Ausbruch
Meine Spitzenleistungen im Energieraub.

Impulse, Sinniges und Unsinniges
- Nicht-erledigt-Haben ist das bewusste Geschwister vom Verdrängthaben.
- Kraft wird uns abgezapft, wenn wir in der Verantwortung diffus sind.
- Verbundensein gibt Kraft.
- Jedes Unbehagen bremst aus. Gut gespürt ist's halbwegs abgeführt.
- Im Ankurbeln des andern vergeude ich meine eigene Energie.
- Eine Sache sofort zu machen, spart Kraft. Ins aufschiebende Nichttun geht viel mehr Energie als ins Tun.

- Eine Idee zu haben und ihr nicht zu folgen, ist auch eine Form von Sünde.
- Anstrengung ist Gas geben und bremsen zugleich.
- Alle Ideale sind Lebensverhinderer par excellence, weil ihr Anspruch uns chronisch überfordert.
- Ich brauche Kraft, um verzweifelt zu sein.
- Wir haben nur eine verlässliche Konstante, und die sind wir selbst. Wer sich an eine Idee von sich nagelt, anstatt an der Gegenwartskonstante zu bleiben, verliert Energie.
- Je weniger ich meinen Willen lebe, umso weniger Energie habe ich.
- Alles, was ich habe, ohne es zu brauchen, ist eine Belastung.
- Jede Trennlinie, die wir in uns selbst errichten, trennt uns von unserer eigenen Kraft.
- Wir brauchen viel weniger Kraft zum Machen als zum Aushalten.
- Kraft ist nur Kraft am richtigen Ort. Was am falschen Ort ist, ist immer Dreck, selbst wenn es das Beste ist.
- Jedes Widersetzen braucht auch Kraft, die wir gleich in die Tat hätten umsetzen können.

Koan

Wer spielt mit meiner Energie, wenn ich sie ganz und gar verspiele?

> ... ich erklärte ... ihm wie klar Erklärungen sind aber da niemand dem man etwas erklärt die Erklärungen mit dem was wirklich klar ist verknüpfen kann deshalb sind klare Erklärungen nicht klar.
>
> GERTRUDE STEIN

Erklärungen

Nachdem alles dargelegt, erklärt, ausgebreitet worden war, ich wie ein ausgerollter Teppich vor ihm lag, meine ganze Wortarbeit, mein ganzer Atem schließlich sogar ein verständnisvolles Nicken erobert hatten, erkannte ich erschöpft, dass sich nichts verändert hatte, dass sein Kopfnicken meine Sackgasse war und mir Herzschmerzen blieben.

Da beschloss ich den Sprung in die Tat.

Aufbruchsfragen
- Welche Erklärungen könnte ich durch Handlungen ersetzen?
- Mit welchen Begründungen verzichte ich auf Taten? Wie berechtigt ist dieser Verzicht?
- Wer soll mich unbedingt verstehen? Was gewönne ich, wenn ich dieses Verstandenwerden aufgäbe?
- Wessen Dummheit ertrage ich nicht? Na und?

Phantasie-Ausbruch
Erklärungen, die meine frei erfundene Identität nahe legen.

Impulse, Sinniges und Unsinniges
- Offensichtlichkeit verdeckt Tiefe.
- Wenn du etwas erfahren hast, brauchst du nicht mehr darüber zu diskutieren.

- Geht es mir in meinem Leben um Gründe oder um Ergebnisse? Das Glotzen auf die Gründe ist wie das Legen der Hände in den Schoß.
- Im Debattieren wird die Chance des Im-Moment-Spürens vertan.
- Jeden, dem ich etwas beweisen will, nehme ich wichtiger als mich selbst.
- In der Zeit der Rechtfertigung verpassen wir Leben.
- Je mehr Energie in eine rechtfertigende Erklärung geht, desto weniger Kraft ist für die Durchsetzung vorhanden.
- Wenn wir uns selbst die guten Gründe ständig servieren müssen, ist etwas faul. Denn offenbar liegen Zweifel vor.
- Erklärungen sind dazu da, sich nicht wirklich auseinander setzen zu müssen.
- Wenn ich mein Gefühl unterdrücke, manipuliere ich den andern.
- Alles erklärt, nichts gelöst.
- Die Beantwortung der Warum-Frage führt oft dazu, dass wir uns resignativ neben die Erklärung legen.
- Wir müssen das Abstrakte ins Konkrete runterschrauben. Wenn wir nicht in die Handlungskonkretion im Alltag kommen, findet keine Veränderung statt.
- Nicht unnötig denken, lieber Füße vertreten. Gehen, bevor es zu etwas wird, und dann zurückkommen können. Wenn ich gehe, weil es schon zu etwas geworden ist, dann ist das Zurückkommen nicht mehr leicht.

☺ *Tipps für erfolgreiches Erklärungsgebaren*
- Sprechen Sie grundsätzlich lauter als Ihr Gegenüber.
- Ihre Erklärung muss zwingend sein! Das kann die Vernachlässigung einiger kleiner Tatsachen erfordern; seien Sie diesbezüglich großzügig!
- Hauptziel der Erklärung ist, Sie ins beste Licht zu rücken, vergessen Sie das nie!
- Bringen Sie sich nicht um den Gewinn Ihrer Erklärungen! Streichen Sie vielmehr immer ganz deutlich heraus, mit welcher Verhaltensänderung Ihr Gegenüber auf Ihre Erklärungen reagieren muss.

- Lassen Sie sich nicht irritieren, wenn Ihr »Kontrahent« in eine Diskussion einsteigen will, womöglich mit eigenen Erklärungen gegenschießt. In dem Fall haben sich Ins-Wort-Fallen und Lautstärke bewährt.

Koan
Wer bin ich, wenn ich nichts verstehe?

> Eine Familie gründen. Ich glaube, es wäre mir leichter gefallen, ein Weltreich zu begründen.
> E.M. Cioran

Familienmafia

Wo ist das Familienparadies?
Wer als Kind bedingungslos geliebt wird, liebt sich selbst ebenfalls bedingungslos, hat einen stabilen Selbstwert und kann auch andere bedingungslos lieben. Leider wurden wir aber selten so bedingungslos geliebt, sondern hatten irgendwie zu sein, sollten uns auf eine bestimmte Art verhalten – lediglich das Ausmaß, in dem wir pflegeleicht und knitterfrei zu sein hatten, variierte. Im Extremfall wurde jeder eigene Impuls geahndet, so dass er sich schließlich in die Katakomben der Seele verkrümelte. Dort ist er dunkelgründig aktiv, indem er seinerseits Bedingungen an die Geliebten stellt.
Irmtraud war als Kind sehr bald auf die Erwartungen ihrer Mutter geeicht. Bis in kleinste Details entsprach sie ihren Wünschen – und tat sie's mal nicht, so wurde sie sofort mit vorwurfsvollen Blicken und entsprechenden Bemerkungen bestraft. So lernte Irmtraud, eigene Antriebe, Wünsche und Bedürfnisse so sehr zu verdrängen, dass sie deren Existenz, geschweige denn deren Nichterfüllung, noch nicht einmal wahrnahm. Stattdessen wird ihr nur bewusst, dass sie sich latent gestresst, angestrengt und unbehaglich fühlt, wenn sie lückenlos versucht, es ihren Nahestehenden recht zu machen.

Alle Ansätze von Eigendrehung sind von Schuldgefühlen begleitet. Das Tragische ist obendrein, dass sie's niemals ihren Lieben wirklich recht macht, sondern nur ihre Kindheitsprägung erfüllt. Es ist ein Dilemma: Zum einen überspringt sie sich im »Rechtmachen«, zum andern wird ihr alles Eigene durch Schuldgefühle verdorben. So kann sie beides nicht wollen. Kein Wunder, dass sie über sich einmal äußerte: »Gut geht's mir nur, wenn ich allein oder krank bin.«
Das Drama in unseren Familien lässt sich, eine bekannte Redensart abwandelnd, so zum Ausdruck bringen: Wer sich nicht lebt, kann im genau gleichen Ausmaß andere nicht leben lassen. So entwickeln sich die Machenschaften, die unterschwelligen Manipulationen und Verletzungen, auf die jede Familienmafia nach je eigenen Strickmustern spezialisiert ist. In Entsprechung gilt die Formel:

Formel: Je mehr ich mich befreie, umso mehr kann ich aus subtilen Manipulationen aussteigen.

Aufbruchsfragen zur Familienentfesselung
- Was ist *mein* Ding?
- In welchem Ausmaß setze ich's verstrickungsfrei um?
- Was bereitet mir Schuldgefühle?
- Wie mache ich anderen Schuldgefühle?
- Wie werde ich manipuliert oder lasse zu, dass Verstrickung gewinnt?
- Wie manipuliere ich andere?
  - Erwartungen? Vorwurfsmiene?
  - Beleidigtsein? Rückzug?
  - Offene oder verdeckte Aggressionen?
  - Ausklammern? Ignorieren?
  - Opferrolle?
  - Stimmungseinbrüche?
  - Aufbau von Gefälle? (Elterliches Machtgehabe anstelle natürlicher Autorität)

Die Liste ist endlos. Die Gefahr zu manipulieren besteht immer dann, wenn es mir schwer fällt, den andern so zu lassen, wie er ist. Introspektiv stellen wir fest, dass wir unsere innere Mitte, Ruhe, Gelassenheit verloren haben.

Phantasie-Ausbruch
Meine nahen Kontakte – ein reiner Glückstaumel.

Impulse, Sinniges und Unsinniges
- Da, wo sich die Mutter gluckenhaft am Kind festsaugt, genau an der Stelle entwickelt es eine Seelenimmunität.
- In dem Moment, in dem wir der Sippenmacke untreu werden, werden wir der Natur treu.
- Wir eifern unseren Eltern nach, weil wir sie lieben.
- Wenn ich in mir Terror habe, kann mein Kind nur Terror machen.
- Warte nicht, bis deine Eltern sterben. Wenn wir den Familienterror loswerden wollen, dann am besten durch die Aussöhnung: »Du hast viel für mich getan. Dafür bin ich dankbar, und es hat total gereicht ...« Wir haben die Kindheit überlebt. Was nach der Geburt kam, ist Zugabe.
- Brechen wir mit den Eltern, schleppen wir sie weiter mit.
- Sich für die Eltern zu schämen oder sie abzuurteilen heißt, verstrickt zu sein. Und das heißt, sich selber abzulehnen.
- Kinder sollten die ganze Liebe bekommen, aber nicht die ganzen Nerven.
- Der Konflikt in einer Familie wird am Symptomträger sichtbar.
- Nicht Geteiltes geht verloren. Wenn ich zum Beispiel die Eltern nicht mit meinen Geschwistern teilen will, gehen sie mir verloren. Alles, was ich gierig annektiere, geht mir verloren. Alles, was ich teile und mitteile, vermehre ich, weil es einen Rückbeglückungseffekt hat.
- Respekt und Anerkennung sind das Gegenstück von Ausklammern.
- Die Familienmacht repräsentiert sehr oft die eigenen inneren Grenzen.
- Je mehr die Eltern mit ihren Kindern prahlen, umso sicherer ist, dass sie keine eigenen Inhalte haben.

- Nur wenn Ausgleich besteht, gibt es keinen Groll.
- Schwiegermütter, die eine gute Ehe haben, sind angenehme Schwiegermütter.
- Was ein Kind braucht, ist eine glückliche Mutter. Je mehr sich Eltern verleugnen, umso mehr wollen sie von ihren Kindern zurückhaben.

Koan
Wo ist die Familie, wenn der gesamte Sippenschmerz aufgelöst ist?

> Beginnt man an einer Stelle, wird man immer an einer andern aufhören.
>
> GERTRUDE STEIN

Flapsige Sprüche

Der Ernst
Vielleicht ist der Ernst des Lebens nicht so ernst, wenn wir ihn nicht so ernst nehmen. Es lohnt sich doch glatt eine Kultur des Unernstes zur Verabschiedung des Ernstes, der nur innerhalb wirklich ernst ist, aber bei Betretung der Außerhalbe sich nicht mehr halten kann. Mit flapsigen Sprüchen, Irrelevanzen, ausleitenden Ausrutschungen bauen wir die Freiheitsstatue im Außerhalb von Voraussetzungen. Hierdurch wird das Abschiedsfest vom Ernst bereits gefeiert.

Die Flapser
Wenn Sie herausfinden wollen, wo sich Ihr Ernst versteckt, dann machen Sie einfach Folgendes:
1. Kreuzen Sie die Sätze an, die Ihnen wirklich zu flapsig sind.
2. Erweitern Sie am Schluss die Liste um Aussagen, die Sie noch krasser als die hier aufgeführten finden. Vielleicht sind es Sätze, die Sie irgendwo gehört oder gelesen haben.
3. Finden Sie heraus, was genau Sie an diesen Sätzen stört.

Mit welchem Thema wird respektlos umgegangen? Inwiefern ist Ihnen gerade dieses Thema heilig? Welcher Umstand in Ihrem Leben war es/ist es, der bewirkt, dass Sie in dieser Hinsicht keinen Spaß verstehen? Da sitzt also der Ernst.
4. Prüfen Sie nun, ob dieser Ernst Sie stärkt oder schwächt.
5. Im Einengungsfall können Sie später die Abschiedsfragen in Angriff nehmen.

❏ Manchmal ist es besser, wenn Staub aufgewirbelt wird, als wenn er sich setzt.
❏ Wissen ist wie Plaque im Hirn, mentale Ablagerung.
❏ »Vati, was gehst du so komisch?« »Das ist das Zeug unter dem Teppich.«
❏ Wer nicht ins Blubbern kommt, macht Schweigen zu Gold.
❏ Wenn wir außerhalb des allgemeinen Bewusstseinslaufställchens Kapriolen schlagen, merkt es eh keiner.
❏ Gut sterben ist eine besondere Kunst, weil wir es nicht so leicht üben können.
❏ Woran erkennen wir den Erwachsenen? Er macht sich selbst platt. Das Kind wird platt gemacht.
❏ Wodurch unterscheidet sich der Partner vom Schuhschränkchen? Er ist beweglicher.
❏ Wozu sind Türen da? Damit wir mit ihnen ins Haus fallen können.
❏ Du kannst nicht vom Baum der Erkenntnis essen und Eva nicht sehen wollen.
❏ Frühzeitig verstorben an gutem Charakter.
❏ Das Schönste am Fernsehen: ausschalten!
❏ Es fällt wahnsinnig schwer, jemanden umzubringen, wenn wir im Blickkontakt mit ihm sind. Probiert es mal! »Bevor du mich killst, schau mir in die Augen ...«
❏ Dinge können entweder fleißig oder kreativ erledigt werden.
❏ Das ist Freiheit: das Badewasser einlaufen lassen und nicht baden.
❏ Der Spieß ist zum Umdrehen da.

- Im Himmel sind keine langweiligen Engel, sonst wäre er die Hölle. Im Himmel geht es ab.
- Sich fallen lassen, weil man nicht mehr stehen kann.
- Wir können die Welt nicht frisieren wie ein Motorrad.
- Die Unzufriedenheit wölbt sich domartig in den Himmel.
- Gefeuert heißt auch angefeuert.
- Hunde sind dazu da, dass wir sie schlafen lassen.
- Ein glücklicher Mensch ist keine Umweltverschmutzung.
- Wenn Sie in den Spiegel schauen, wissen Sie schon, was auf Sie zukommt.
- Bevor es schlecht ausging, war es wunderschön.
- Wenn wir uns Sachen verstecken, bereiten wir uns die Freude des Findens.
- »Du hast nicht alle Tassen im Schrank!« – Wie viele Tassen brauchen wir wirklich im Schrank?
- Cool ist arg kühl.
- Nicht mit dem Kopf durch die Wand, sondern lässig gesamt durch die Wand.
- Nichts wollen, und im Nichtswollen alles bekommen!
- Das ganze Leben ist voller Häkchen, und wir selbst sind eine Öse.
- Wer sich tagsüber nicht wehrt, schnarcht in der Nacht.

Abschiedsfragen
- Wie ernst ist das Ernste wirklich?
- Wie könnte ich lieber blöd statt ernst sein? Und wann? Und mit wem?
- Hätte ich nie ernst genommen, wofür ich mich bewusst oder unbewusst räche, wären viel weniger Ernst und Mühe in meinem Leben. Was will ich in diesem Sinne nicht mehr ernst nehmen?

Phantasie-Ausbruch
Die Enternstung schlechthin.

Koan
Was nehme ich ernst, wenn ich nichts ernst nehme?

> Wir haben zum Ewigen keinen andern
> Zugang als durch den Augenblick,
> in dem wir leben.
>
> HERBERT VON HOERNER

Gegenwart

Durch die Bereitschaft, stets neu anzufangen, wird Altlast der Stachel genommen. Fängt man an, bewusster zu leben, neu anzufangen, kann nichts zu Ende gehen, und ich kann köstlich spontan sein. Wer nicht im Bewusstsein des Anfangens ist, stimmt dem Stau zu. Entweder anfangen oder Stau. Wo ist die Vergangenheit, wenn ich permanent anfange? Durch das Anfangen lasse ich der Vergangenheit keine Chance und verwickele mich nicht mit der Angelegenheit des andern. So weigere ich mich, Erinnerungen zu interpretieren und werde bedingungslos für das tätig, was wirklich ist. Zum ersten Mal wird die Zukunft ein breites Feld sein und nicht die Brechschale der Vergangenheit. Wenn ich aus der verwickelten Erfahrung heraus plane, landen in der Zukunft nur Vergangenheitsvariationen.

Aufbruchsfragen
- Welches Neue reizt mich? In welcher Hinsicht kann ich neu anfangen?
- Wie halte ich inne? Was erlebe ich, wenn ich innehalte? Wie oft möchte ich innehalten?
- Was ist für mich die beste Dosierung von Planung einerseits und Zufall andererseits? Achte ich genug auf das für mich beste Mischungsverhältnis beider?
- Haben Empfindung, Gefühl und Gespür ausreichend Raum in meinem Leben? Wenn nicht, wie kann ich mich besser mit mir synchronisieren?

- Da jetzt bereits die Zukunft von damals ist, sind Verschiebetendenzen streng zu überprüfen. Es ist nämlich ungewiss, ob meine wunderbaren Später-Träume postmortal voll zum Zuge kommen können. Daher immer die Frage: Was ist jetzt möglich?
- Bin ich bereit, an jedem beliebigen Tag mein bestes Geschirr zu benutzen und das besondere Hemd anzuziehen?

Phantasie-Ausbruch
Stillstehende Vergänglichkeit.

Impulse, Sinniges und Unsinniges
- Der beste Zeitpunkt ist immer sofort, weil die Abwehr chronisch »später!« sagt.
- Ich bin traurig, weil ich traurig bin. Damit springe ich auf den Boden dessen, was ist.
- Wie lasse ich die Abwehr fallen? Indem ich jeden Moment neu anfange.
- Wenn es gelänge, immer in der Gegenwart zu leben, dann täten wir alles im richtigen Augenblick.
- Vergangenheit ist der Stöpsel für die Gegenwart.
- Was die Gegenwart ausmacht, ist stillstehende Zeit.
- Jeder körperliche Exzess bringt uns in die Gegenwart.
- In der totalen Gegenwart gibt es kein Reflektieren.
- Der Sprung in die Gegenwart ist der schwierigste Sprung.
- Lebten wir immer in der Gegenwart, entstünde eine Dehnung in unserem Zeitbewusstsein.
- Das Unwillkürliche ist die reine Gegenwart. Das Unwillkürliche heilt.
- Das Zweitschönste: Jemandem, der in der Gegenwart ist, in die Augen zu schauen. Das Schönste: selbst diese Augen zu haben.
- Bestimmen wir doch einmal die Gegenwart vom Morgen her!
- Küssen Sie einmal jemanden in der Rückschau oder in der Vorschau! Das Leben ist immer unmittelbar. Empfindungen verweben uns mit der Gegenwart.

☺ *Das Leben ist ein Traum*
Im Kindergarten von der Schule geträumt, in der Schule von der Ausbildung geträumt, dann vom Beruf geträumt, im Beruf von der Ehe geträumt, in der Ehe wieder vom Beruf geträumt, im Beruf von der Pensionierung geträumt! In der Pensionierung davon geträumt, noch einmal jung sein zu können ...

Koan
Wann werde ich glücklich? Bitte ganz präzise beantworten!

> Armut verbirgt sich im Denken, ehe sie in den Geldbörsen erscheint.
> KHALIL GIBRAN

Geld

Im ungünstigsten Fall verführt uns Wohlstand dazu zu glauben, wir seien, was wir haben, anstatt zu glauben, wir seien, was wir sind. Armut verführt uns im ungünstigsten Fall dazu zu glauben, wir seien nichts, weil wir nichts haben, anstatt zu glauben wir seien, was wir sind.
Im Glücksfall sind wir, wer wir sind, und genießen, was wir haben, und grämen uns nicht wegen Nichthaberei. Jeder Tag schenkt ein Heute. Welche Fülle!

Aufbruchsfragen
- Habe ich genug? Oder zu wenig? Oder zu viel? (Definitionsvorschlag: Genug ist, wenn ich alles habe, um mein Bestes leicht geben zu können.)
- Was ist mein Bestes? Was kann ich besonders gut?
- Was brauche ich noch, um dieses Beste auszudrücken?
- Kann ich sparen? Sollte ich?
- Kann ich gut Geld ausgeben? Sollte ich? Wofür?

Phantasie-Ausbruch
Wie lebte ich, wenn ich ganz reich/arm wäre?

Impulse, Sinniges und Unsinniges
- Als er alles hatte, merkte er endlich, was ihm fehlte.
- Wir können nicht reich werden, wenn wir nicht die Armut riskieren.
- Armut unterscheidet sich von Besitz- und Bedürfnislosigkeit.
- Sinnvolles Sparen trägt zur Förderung von Energie und Leben bei und heißt Gewinn. Unsinniges Sparen heißt Verzicht und klemmt uns ein. Mit dem Sparen für die Not fördern wir bereits die Not.
- Zu viel Gespartes ist eingefrorene Energie.
- Reichtum kann den Genuss ersticken.
- Arme und Reiche kennzeichnet oft gleichermaßen, dass sie zu viel ans Geld denken.
- Schwierig ist es nur, wenn wir es uns schwierig machen.
- Erfolg sollte die Nebenwirkung von Spaß sein.
- Wer Geld verachtet, weiß mit Möglichkeiten nichts anzufangen.
- Uns gehört nur, was wir lieben.
- Was stinkt mehr: Armut oder Geld?
- Wir sollten im Leben die Fülle, nicht die Menge buchen.
- Alles, aber nicht zu viel!
- Das aktuelle Leben ist nur ein Steigbügelkonglomerat für Vergangenheitsbewältigung.
- Konstruktiv resignieren heißt, nicht mehr am falschen Ort zu investieren. Beispielsweise: Zeit, Geld, Energie, Aufmerksamkeit.

Koan
Wer bin ich, wenn ich reich bin, und wer, wenn ich arm bin – und was ist dann der Unterschied zwischen mir und mir?

> **Jeder kleine Augenblick ist ein Vergnügen und ein Vergnügen ist ein Vergnügen oh ja ein Vergnügen ist ein Vermögen zum Begnügen.**
> GERTRUDE STEIN

Genuss

Gertrude Stein hat Recht. So einfach ist es im vermögenden Mögen, vom Besten nicht zu viel und auf gar keinen Fall zu wenig, um auf dem Gipfel der Berge im Angesicht der Weite die eigene Nähe genießend zu mögen. So beim Atmen oder Vogelgezwitscher.

Aufbruchsfragen
- Was ist Genuss ohne Geschmacksverstärker?
- Welche Genussinseln könnte ich täglich in mein Leben einbauen?
- Wie könnte mein ganzes Leben ein Genuss werden?
- Was bejahe ich?

Phantasie-Ausbruch
Von Wohlgefühl zu Wohlgefühl.

Impulse, Sinniges und Unsinniges
- Genuss und Dankbarkeit gehen Hand in Hand.
- Genuss zieht uns in die Gegenwart.
- Die Vorstellung trägt uns nicht in den Genuss, nur das Tun.
- Wenn der Ernährungsfachmann mit am Tisch sitzt, schmeckt einem nichts mehr.
- Je purer die Lust, desto mehr im Sein. Je verklemmter die Lust, desto weniger im Sein.
- Der Genuss, der plötzlich vom Himmel fällt, ist einfach höher als der geplante.
- Ohne Bejahung kein Genuss!
- Das innere Verbot ist viel schwerer zu übertreten als das äußere. Es entsteht immer aus einem vermeintlichen Selbstschutz.

- Im maximalen, unbeschränkten Genießen steckt immer das richtige Maß. Das richtige Maß ergibt sich aus der Genussgipfeligkeit (inkl. hinterher) und nicht aus einer Ideologie oder der eigenen Kontrolle.
- Zu welchem Zweck verkneife ich mir das Leben, wo ich es doch eh verliere. Wie ist Verzicht im Angesicht der eigenen Sterblichkeit möglich?
- Bestrafungsmaßnahmen kaschieren unerfüllte eigene Bedürfnisse.
- Genuss ist der säkularisierte Restbestand von Hingabe und Versenkung.

Koan
Für wen ist Hochzeit, wenn im Einfachsten das Höchste erscheint?

> Es braucht viel Zeit ein Genie zu sein, man muss so viel herumsitzen und nichts tun, wirklich nichts tun.
> GERTRUDE STEIN

Goldene Verhaltensrenner

Anton hält das Leben für kompliziert, und Luise hält es für einfach. Kein Wunder, dass Anton findet, Luise denke zu einfach; und Luise findet, Anton denke zu kompliziert. Spannenderweise ist Luises Leben tatsächlich einfacher. Das sieht auch Anton – und es ärgert ihn ein wenig. Er bittet Luise, ihm zu erklären, wie er so lebensfroh werden könne wie sie. Luise sagt nur: »Sei doch einfach lebensfroh!« Anton könnte verzweifeln.
Ins goldene Verhalten zu rennen, *ist* der große Aufbruch.

Phantasie-Ausbruch
Meine Zauberkunst.

Aufbruchsimpulse
Wenn Sie die unten aufgeführten Impulse für Ihr Leben nutzbar machen wollen, dann beherzigen Sie einfach folgende Anregungen:
1. Lesen Sie die Renner in innehaltender Manier. Also so, dass Sie sie alle auf Ihr Leben und Ihr Verhalten beziehen.
2. Kreuzen Sie die Sätze an, die mehr als andere eine von Ihnen zu kultivierende Richtung angeben.
3. Knöpfen Sie sich die angekreuzten Renner nochmals vor und folgen Sie einer Strategie, um Sie sich mehr einzuverseelen:
   – indem Sie einen Umsetzungsplan überlegen
   – oder Ihre Spitzenkandidaten als Tagesmotto zum Zuge kommen lassen
   – oder sie mit Freunden besprechen, Handlungskonsequenzen überlegen und dann ein freundschaftliches Unterstützungs- und Mutmachprogramm aushecken.
4. Gehen Sie ganz konkret vor, indem Sie überlegen, was könnte ich wie und wem gegenüber oder in welcher Hinsicht und wann anpacken?

❏ Feiern ist auch schlafen, wenn wir müde sind.
❏ Nimm den Rausch, solange er ist.
❏ Jeden Missklang zur Kommunikation nutzen!
❏ Ich halte mich mit mir nicht mehr auf!
❏ Aktiv sein statt Opfer sein!
❏ Nicht mehr Recht, sondern Spaß haben!
❏ Vergeben ist Hochmut, denn ich kann nur vergeben, wenn ich vorher schon gerichtet habe. Richten bedeutet, sich über den andern zu erheben. Einfach innerlich fallen lassen ist besser.
❏ Vorsätze durch Spontaneität ersetzen!
❏ Dankbarkeit als vertiefte Wahrnehmung ...

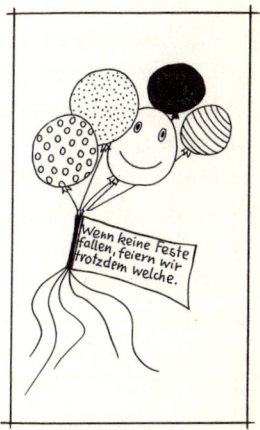
Wenn keine Feste fallen, feiern wir trotzdem welche.

- ❏ Haare raus, Suppe essen!
- ❏ Mit dem Einfachen anfangen, anstatt sich zu grämen, dass das Schwere nicht klappt.
- ❏ Unpässlichkeiten sofort spüren, nicht erst, wenn der Arm abfällt.
- ❏ In seinen eigenen Glanz kommen, nicht in einen fremden!
- ❏ Mit dem Strom unserer Tiefe, nicht gegen den Strom unserer Nöte!
- ❏ Nicht mehr an den Lippen des Schweigers kratzen!
- ❏ Raus aus der Konformität! Rein in die Authentizität!
- ❏ Nicht messen am Scheitern, messen am Siegen!
- ❏ Das ganze Leben als Chance sehen, die eigene Größe zu zeigen.
- ❏ Warum immer nur nett sein mit andern? Warum nicht mal mit sich selbst?
- ❏ »Ich helfe dir.« – »Ich helfe dir doch nicht. Ich habe mich vertan. Im Affekt habe ich gesagt, ich helfe dir. Ich muss es leider zurücknehmen.«
- ❏ Sich lässig an das Hindernis zu lehnen, ist der erste Schritt in die Freiheit.
- ❏ Mist ausschlachten statt einmachen!
- ❏ Es gilt, sich in der Freude heimisch einzurichten.
- ❏ Es ist besser zu überlegen, wann es mir gut geht, als zu überlegen, wann es mir schlecht geht.
- ❏ Anstatt eine Situation zu bekämpfen, versuche ich lieber, die Situation zu verändern.
- ❏ Hände gehören nicht in den Schoß. Was sollen sie da?
- ❏ Indem ich mich um mich bemühe, werde ich mich los.
- ❏ Fehlerfroh ans Werk!
- ❏ Das Risiko eingehen, *weil* es schief gehen könnte.
- ❏ Sich selbst mit dem eigenen Anderssein überraschen!
- ❏ Es ist gut, so früh wie möglich das Egopaket zu sein, damit wir später nicht der Schweinehund sind.
- ❏ Jeder werfe sein Kreuz ab!
- ❏ Entscheiden ist besser als Aushalten.
- ❏ Leben heißt Mitmachen.
- ❏ Gas geben in die Richtung des Unwillkürlichen!

- Am Anschlag drehen wir um.
- Wo kein Weg ist, da bahne ich ihn mir!
- Bereitschaft zur Alternative gibt Kraft.
- Sei im Gleichschritt mit dir selbst!
- Der Klügere geht in die Souveränität.
- Lieber hochgestolpert als glatt gelegen.
- Den Elefanten sehen, wenn er sich dem Porzellanladen nähert, nicht erst, wenn er schon fünfmal durchgestampft ist!
- Ein kleiner Schritt in Entsprechung zu mir taugt mehr als zwanzig Jahre Analyse.
- Da, wo das eigene Unbehagen ist, da müssen wir für uns selber initiativ werden.
- Sowie ich merke, ich mache etwas halbherzig, trete ich auf die Bremse und überlege, wie es vollherzig aussähe.
- Der Ersatz ist nicht das ursprünglich Gewollte, aber das Zweitbeste als Zwischenwahl ist okay.
- Das Zweitbeste nehmen und wissen, es ist das Zweitbeste, warum nicht? Dir jedoch einzubilden, du hättest das Erstbeste, ist bekloppt.
- Sich lieber in der Abstraktion verlieren als in der Konkretion wühlen.
- Die einzig sinnvolle Symbiose ist die mit der eigenen Urgewalt.
- Die Konzentration auf das lenken, was geht, und nicht auf das, was nicht geht.
- Die beste Art, Herzen zu gewinnen, ist begeisterte Hinwendung.
- In dem Moment, wo mich das Glück des andern stört, soll er mir zum Vorbild werden.

Koan
Welche Welten außerhalb aller Laufställchen?

> Der Mensch ist das, was er den ganzen Tag denkt.
>
> EMERSON

Grundübel

1958 schreibt Hannah Arendt: »Was uns bevorsteht, ist die Aussicht auf eine Arbeitsgesellschaft, der die Arbeit ausgegangen ist, also die einzige Tätigkeit, auf die sie sich noch versteht. Was könnte verhängnisvoller sein?«[17]
Mit diesen Worten sticht sie in das Wespennest unserer wesentlichen Unfähigkeit oder Unfähigkeit zum Wesentlichen. Es ist eine Unfähigkeit, die sich uns besonders in unserer »verhängnisvollen Freizeit« aufdrängt. Deshalb sind wir so bemüht, die schwer errungene Freizeit immer wieder zu vernichten – sie dadurch verpassend und verschwendend. Die Lebenskunst bestünde also darin, Freizeit wirklich frei und das heißt befreit und befreiend zu gestalten. Dazu nicht oder kaum in der Lage zu sein, ist das Grundübel unserer Zeit. Das Spektrum dieser Unfähigkeit reicht vom Gutbetuchten, der sich von einem Ennui zum nächsten Gourmet wälzt, bis zum aktivistisch animierten Opfer der Freizeitindustrie. Aber wie ließe sich denn die Befreiung von der Arbeit feiern? Arendt sagt, »... unsere Gesellschaft kennt kaum noch vom Hörensagen die höheren und sinnvolleren Tätigkeiten, um derentwillen die Befreiung sich lohnen würde.«[18]
Anders gefragt: Was können wir endlich tun, wenn wir nichts mehr tun müssen? Ist das, was wir dann »tun« können, überhaupt noch ein Tun? Was sind denn jene höheren und sinnvolleren Tätigkeiten, auf die Arendt im obigen Zitat anspielt? Lesen wir, was sie dazu schreibt: »Ausschlaggebend ist dabei, dass die Erfahrung eines Ewigen, im Gegensatz zu der des Unsterblichen, in keiner Tätigkeit eine Entsprechung findet und in keine transformiert werden kann; denn auch die Tätigkeit des Denkens, die ein an Worte gebundener Vorgang im Innern des Menschen ist, ist nicht nur unzulänglich, die Erfahrung wiederzugeben, sie kann sie nicht einmal begleiten; eben weil

auch das Denken eine Tätigkeit ist, kann es die Kontemplation des Ewigen nur unterbrechen und ruinieren.«[19]
Zusammenfassend lässt sich sagen: Das Grundübel besteht darin, dass wir unser höchstes Luxusgut, die Freizeit, durch unsere Unfähigkeit zur Kontemplation des Ewigen verpassen. Wir haben zumeist keine lebbare oder zeitgemäße Form von Kontemplation zur Verfügung.
Kontemplation bedeutet, den egozentrischen und aktivistischen Abstand zum Aufgehen im Augenblick zu verlieren, ohne in ein dösendes Verschmelzen abzusinken. Aber gerade dazu brauchen wir einen freien Kopf. In diesem Sinne verstehe ich Ken Wilber, wenn er die Aufhebung der Dualität so beschreibt: »Im nicht dualen Zustand ... gibt es nichts mehr außerhalb von einem selbst, das aufprallen, verletzen, quälen könnte. Plötzlich hat man keine Erfahrung mehr, man ist jede entstehende Erfahrung, weshalb man spontan in den ganzen Raum entlassen wird ... Es gibt nichts mehr außerhalb von einem, das man wollen, begehren, suchen oder ergreifen könnte – die Seele dehnt sich zu den Grenzen des Universums aus und umfasst alles mit unendlicher Wonne. Man ist zum Äußersten erfüllt, zum Äußersten gesättigt, so erfüllt und gesättigt, dass die Grenzen zum Kosmos zerstieben und man sich ohne Zeitpunkt und Weile, ohne Zeit und Ort in einem Ozean unendlicher Zuwendung wiederfindet.«[20]
Zum Grundübel gehört alles, womit wir unseren äußeren wie inneren Frieden und damit unsere Glückseligkeit vereiteln. Wischen wir halt weiter.

Lösungsfragen
- Wie lebte ich, wenn ich auf Arbeit nicht angewiesen wäre?
- Was könnte ich tun, wenn ich keine Lust mehr hätte, mich zu zerstreuen?
- Lässt sich Kontemplation praktizieren? Was, wenn nicht?
- Wie könnte ich in meinem Wachsein aufwachen?

Phantasie-Ausbruch
Wie ich mich in meine Gedanken kuschele.

☺ *Urlaubskarte von Anton*
Liebe Luise,
erst schien die Sonne, dann regnete es zwei Tage lang. Jetzt scheint wieder die Sonne. Hier ist's ziemlich langweilig, gibt nichts zu tun. Die Bucht und den kleinen Ort kenne ich schon. Nirgendwo Abwechslung. Freu mich auf daheim.

Gruß Anton

Impulse, Sinniges und Unsinniges
- Durch die Schlüsselfrage »Was tut mir jetzt gut?« bringe ich mich in die Spontaneität. Es ist wichtig, diese Frage fundamental zu stellen und nicht oberflächlich egozentrisch.
- Mit der Scheinharmonie verrate ich die Möglichkeit echten inneren Ausgleichs.
- Es ist eine Todsünde, Spielraum zu haben und ihn nicht zu nutzen.
- Wenn das Glück nicht um seiner selbst willen erstrebt wird, hat es schon angefangen, sich zu verflüchtigen.
- Wer sich selbst besänftigt, gibt ein Stück Verantwortung ab.
- Mit unserer Abwehr wollen wir den in der Kindheit als sicher erlebten Zustand aufrechterhalten. So pumpen wir Energie in die immer gleiche Abwehr anstatt Entwicklung zuzulassen.
- Von unserem negativen Lebensprogramm geht so etwas wie ein Infusionsschläuchlein zu unseren Idealen.
- Wenn wir mündig wären, gäbe es die aktuelle Gesellschaft nicht.
- Verteidigungsstrategien lassen uns oft nicht zur Konsequenz kommen.
- Wenn das Elend über 50 Prozent ausmacht, dann spätestens beginne ein anderes Leben!
- Ein Schicksalswechsel ist nur möglich durch den Wechsel der Realitätsschiene.
- Perfektionismus ist ein Umweg.
- Alles, womit wir uns einlullen, schwächt uns.

Koan
Wer bin ich ohne Ablenkung?

> Handeln beseitigt alle Zweifel, welche die
> Theorie nicht aufzulösen vermag.
> TEHYI HSIEH

Handlungskonsequenz

Cecilie hasst ihren Job und ihren Chef. Sie wird schlecht bezahlt und macht obendrein permanent Überstunden. Die arme Cecilie! Wie hält sie das nur aus? Sie rächt sich unbewusst an ihrem Chef, indem sie seine Zeit sabotiert via Fehlleistungen, die dann Mehrarbeit, Kosten, seelischen Aufwand und Unannehmlichkeiten für ihn bedeuten. Und wozu diese Qual für beide? Warum geht sie nicht? Bei genauer Betrachtung ist es so: Cecilie liebt ihren Job und ihren Chef. Sie hat in ihrer Arbeit etliche Vergünstigungen, wie freie Zeiteinteilung und kostenlose Fortbildungen, die als arbeitsfreie Tage nicht vom Urlaub abgezogen werden. Die Überstunden brockt sie sich wegen schlechter Zeiteinteilung, mangelnder Arbeitseffizienz oder eben jener Fehlleistungen oft selbst ein. Insofern wird sie unterm Strich nicht schlecht bezahlt. Daneben weiß sie um ihre Tüchtigkeit und ist sich auch dessen bewusst, wie wohlgesonnen ihr der Chef ist. Deshalb geht sie nicht.

Dennoch schreit die oben geschilderte Situation nach einer Handlungskonsequenz, die sich aus den folgenden Lösungsfragen ergeben könnte.

Lösungsfragen
- In welchem Ausmaß ist mein Groll real und fundiert?
  (Im Beispiel: Was sind echte Versäumnisse oder Ungerechtigkeiten des Chefs?)

- Wie ließe sich die Situation ändern, damit der Groll verschwinden kann?
  (Im Beispiel: Cecilie spricht ihren Chef offen auf seine Ungerechtigkeiten hin an und sagt ihm, was ihren Groll auflösen könnte.)
- In welchem Ausmaß ist mein Groll nicht real, also selbst gestrickt?
  (Im Beispiel: alle Punkte, die bewirken, dass Cecilie ihre Arbeitsbedingungen selbst verschlechtert. Diese Probleme liegen in ihr und ziehen mit zu jedem andern Arbeitsplatz.)
- Was bewirkt mein nicht realer Groll im zwischenmenschlichen Bereich?
  (Im Beispiel: Er strapaziert die Geduld ihres Chefs und macht ihn mürbe, was natürlich auf Cecilie zurückschlägt.)
- Wie könnte ich die Auslöser meines selbst gestrickten Grolls beheben?
  (Im Beispiel: besseres Zeitmanagement, mehr Effizienz durch entspannendere Pausen, Wissensvermehrung, Mut zur Lücke oder was auch immer.)
- Ist Rettung durch Abhauen angesagt? (Diese Handlungskonsequenz ist fällig, wenn mein Gegenüber nicht bereit oder fähig ist, die Auslöser meines realen Grolls zu beheben. Oder wenn beide in einer nicht umkehrbaren Verhakelung gelandet sind.)

Phantasie-Ausbruch
Mein realer und mein irrealer Groll in Bezug auf ...

Impulse, Sinniges und Unsinniges
- Jetzt ist der Augenblick unserer Tat.
- Ich kann nur brutal werden, wenn ich mich vorher nicht gelebt habe. Deshalb ist es besser, radikal zu werden als brutal. Radikal kann ich übersetzen mit »konsequent konstruktiv«.
- Ohne innere Bewegung ist keine kraftvolle äußere Bewegung möglich. Was bewegt uns am meisten: Begeisterung, Todesangst und Verliebtheit.

- Eine schlimme Vergangenheit entlässt uns nicht aus der Verantwortung für unser Leben.
- Wenn jemand darauf beharrt, bei mir zu spüren, was gar nicht da ist, dann heißt's abhauen!
- Im Nichts-mehr-Auslassen sind wir viel handlungsfähiger.
- Nicht den Weg diskutieren, sondern losmarschieren.
- Es tut sich was, wenn ich was tue.
- Nicht hoffen, dass es besser wird, sondern es anders machen!
- Was nicht in Schritten formuliert ist, ist bloßes Hirngespinst.
- Verstehen ist wie Tür aufmachen. Wirkungsvoll ist erst das Hindurchgehen, und dazu führt uns immer die Handlungskonsequenz, die wir aus unseren Umständen ableiten.
- Die Bereitschaft zur Konsequenz macht uns handlungsfähig.
- Es ist besser, von hundert Träumen einen begriffen und tatkräftig auf ihn reagiert, als hundert ohne Handlungskonsequenz aufgeschrieben zu haben.
- Es ist besser zu handeln, als aushalten zu lernen.

Koan
Wie krönt sich die Bürde der Verantwortung?

> Das Gesicht des Feindes entsetzt mich, weil ich sehe, wie sehr es meinem eigenen ähnelt.
> STANISLAW JERZY LEC

Heimkino / Magic Mirror

Eine kurz gefasste Heimkinoshow
Fritz und Heike kennen und lieben sich seit drei Monaten und genießen ein wolkenloses Glück. Dann passiert Folgendes: Fritz kommt eine Stunde später als vereinbart zum Rendezvous, weil er durch ein sehr unangenehmes Geschäftsgespräch aufgehalten wurde. Normalerweise ist er pünktlich.

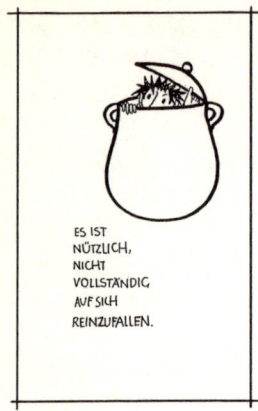

ES IST NÜTZLICH, NICHT VOLLSTÄNDIG AUF SICH REINZUFALLEN.

Er denkt: »Es ist besser, wenn ich Heike nicht mit meinem geschäftlichen Ärger behellige.« So entschuldigt er seine Verspätung einfach mit einem Verkehrsstau. Heike spürt, dass irgendetwas nicht stimmt und denkt: »Aha, jetzt liebt er eine andere.« Sie beobachtet seine Geistesabwesenheit und fühlt sich dadurch im Glauben an seine neue Freundin bestätigt. Seine Niedergeschlagenheit deutet sie heimkinogerecht so: »Jetzt ist er natürlich mies drauf, weil er mit mir zusammen sein muss, anstatt mit der neuen Freundin Spaß haben zu können. Das Beste wird sein, ich bitte ihn zu gehen.« Heike ist verzweifelt. Sie liebt ihn so sehr. Doch ihr kurzes Glück ist bereits zerstört. Sie kennt das wehe Gefühl gut. In der Kindheit wurde ihre Schwester vorgezogen. Immer gibt's eine Frau, die ihr den Rang abläuft. Am besten wäre vielleicht totaler Rückzug und meditieren im Himalaja ... Halb vor sich hinsprechend fragt sie Fritz: »Hast du schon einmal meditiert?« Ihn schreckt die Frage, denn er hatte Heike als realistisch und bodenständig gekannt und jetzt das! Er denkt: »Ein Unglück kommt selten allein. Sie ist sowieso heute komisch. Wahrscheinlich liebt sie mich nicht mehr. Vermutlich hat sie eine transzendenzfreudige Ecke, der ich nicht gerecht werde.« Er legt den Versagerfilm ein und denkt: »Ich will Heike nicht weiter enttäuschen. Wenn wir uns trennen, reiße ich sie zumindest nicht in meinen Unglückssog. Ich liebe sie doch so sehr.« Und zu ihr sagt er seufzend: »Es hat alles keinen Sinn.« Das passt hervorragend zu ihrem Eifersuchtsfilm, weshalb sie sagt: »Ich fürchte, du hast Recht.« Sie schweigen eine Weile. Um sie zu entlasten, geht er dann.

Lösungsfragen
- Wie kann ich meine Interpretationen einem Realitätstest unterwerfen? Zum Beispiel:

- im Kontakt durch Nachfragen und Rücksprache,
- in andern Fällen durch genaue Beobachtung und die exakte Auflistung und Sichtung von Tatsachen. Wenn der Verarmungsfilm läuft, dann Kassensturz machen,
- oder beim Gefühl, keine Freizeit zu haben, zunächst ganz real gucken, wieviel Freizeit habe ich wirklich,
- oder wenn ich glaube, die Welt habe keinen Respekt vor meiner Zeit, dann real prüfen, wie oft meine Zeit tatsächlich in den letzten Wochen sabotiert worden ist und von wem ...

- Wenn ich mein Verhalten derart auf Projektionen abklopfe, frage ich mich auch, ob ich vielleicht unbewusst anderen antue, was ich ihnen vorwerfe; beispielsweise ihre Zeit sabotieren.
- Oder ob ich mir selbst antue, was ich anderen vorwerfe; also meine eigene Zeit sabotiere. Stattdessen komme ich doch viel weiter, wenn ich ein besseres Zeitmanagement praktiziere, als wenn ich meinem Umfeld mangelnden Respekt vor meiner Zeit vorwerfe.
- Beim Ausstieg aus dem eigenen Heimkino, aus Projektionen, ist es so wichtig, den Unterschied zwischen Realitätsdeutung und Realität immer im Blick zu behalten. Daher die chronische Frage: Was sind die Fakten?
- Wie könnte ich nachäffen, was ich an andern toll finde?

Phantasie-Ausbruch
Die nackten (= filmfreien) Tatsachen meines Lebens.

Impulse, Sinniges und Unsinniges
- Es reicht, die Splitter beim Partner zu entdecken – sich nicht auch noch mit den eigenen Balken behelligen!
- Das Leben ist ein einziger Bumerang.
- Es geht darum zu begreifen, dass das Leben nicht so ist, wie wir glauben, dass es wäre.
- Es gibt Menschen, die drehen auch noch Spieße um, die gar nicht auf sie gerichtet wurden. Mit denen ist schwer reden.

- Durch selektive und interpretierende Wahrnehmungsbebrillung gibt es immer mehr Zeug zu sehen. Ich sehe deine Brille und sage mir, es ist deine Brille, die ich mit meiner Bebrillung gesehen habe. Ich verpeste mir das Leben mit meiner bebrillten Reaktion auf deine Brille. Wenn ich den andern wegen *meiner* Brille angreife, erreicht die Bekloppheit den Gipfel.
- Ich bilde mir ein zu wissen, was du von mir willst und entspreche dann *meiner* eingebildeten Vorstellung – dabei bin ich meilenweit von dem entfernt, was du wirklich willst.
- Wen halte ich lieber aus, dich oder mich? Dich auszuhalten war ja schon schlimm! Aber mich auszuhalten!
- Die Altlast prägt unsere Wahrnehmung.
- Was ist totale Reinigung? Wenn wir aus den Identifikationen aussteigen.
- In dem Moment, in dem ich monologisch interpretiere, öffne ich schon die Tür zum eigenen Knast.
- Bewertung und Verachtung: Wo kommen sie her? Aus dem Heimkino.
- In der Kollektivneurose sind wir aufgehobener; in der Privatmacke könnten wir noch Zweifel an uns selbst hegen. Wenn jedoch alle rhythmisch mitgehen, ist das Gipfelgefühl von »Heimat« erreicht.
- Wenn ich mit mir nicht spürig im Kontakt bin, sitze ich im eigenen Film und nehme den andern durch meinen Film wahr und nicht so, wie er ist.
- Als wenn es jemals eine Sache zwischen dir und andern gäbe! Es ist immer ein Sache zwischen dir und dir.
- Projektion ist eine Art von Rache, ohne dass ich mir dessen bewusst bin.
- Wenn wir lernen, zwischen Fakt und Film zu unterscheiden, dann sind wir erlöst.

Koan
Was läuft in meinem Kopf, wenn nichts mehr läuft?

> **Durch nichts als die Seele sind die Sinne zu heilen, und durch nichts als die Sinne ist die Seele zu heilen.**
>
> Oscar Wilde

Hingabe

Hingabe – aber nur, wenn es sich lohnt. Und was lohnt sich? Liebesspiele mit Don Juan? Die Mitternachtssonne? Die Niagara Fälle in der Dämmerung? Beethovens Neunte? Die erste Zigarette am Morgen? Tief durchatmen im Wald? Luise will's wissen. Um es rauszufinden, öffnet sie all ihre Sinne. Die Überraschung ist vorprogrammiert: Hingabe ist nämlich Öffnen aller Sinne! Luise gibt sich bereits hin, um herauszufinden, ob sich Hingabe lohnt. Sie ist so überrascht, als sie feststellt, dass alles sich lohnt, wenn sie ihre Sinne öffnet, dass alles lebendig wird im Lustglanz ihrer Hingabe.
Inzwischen sind Jahre vergangen, und Luise ist Expertin auf dem Gebiet der Hingabe. Wir fragen sie: Gibt es irgendetwas, das mehr als alles andere unsere Hingabe verdient? Sie antwortet: Ja, die Hingabe an unsere eigenen Sinne.

Aufbruchsfragen
- In welchen Situationen fällt es mir leicht, meine Sinne zu öffnen?
- Bei welchem Tun oder Nichttun kann ich mich ganz vergessen?
- Wie und in welcher Hinsicht könnte meine Begeisterung meine Hingabe entfachen?
- Wie kann ich mich hingeben, ohne mich weg- oder abzugeben?

Phantasie-Ausbruch
Die Flügel meiner Sinnlichkeit.

Impulse, Sinniges und Unsinniges
- Lachen zwingt in die Hingabe ans Leben.

- Sich von Träumen ziehen zu lassen, ist ein Stück befriedigte Sehnsucht.
- Warum hilft beten? Weil ich bereit bin für die Veränderung, um die ich bitte. Weil ich innerlich entschieden bin, mir helfen zu lassen. Ich entscheide mich und gebe mich hin.
- Wenn ich mit mir eins bin, dann wird Unkontrollierbarkeit zur Hingabe.
- Wenn ich die Hingabe abwehre, verhindere ich auch die Gegenwart.
- Immer, wenn ich mich aus Peinlichkeit nicht hingebe, schneide ich mich von der Lebendigkeit ab.
- Wenn ich mir abhanden komme, ist keine Hingabe möglich.
- Nur wenn ich mich nehme, kann ich mich geben.
- Ich will nichts mehr von mir. Ich lasse mich in Ruhe. Das ist Hingabe.
- Geilheit verhindert Hingabe.
- Hingabe bedeutet, dass ich alles andere vergesse.
- Hingabe ist die schnellste und schönste Möglichkeit, sich zu entwickeln, weil Hingabe mich über die eigenen Grenzen hinauszieht.
- Die wirklich Starken lehnen sich an, weil sie Menschen sind und keine Erlöser oder Götter.
- Hingabe ist, wenn ich die Sache, die ich mache, einfach mache und mir keinen inneren Ruck mehr geben muss.
- Den Griff lösen, bevor er gelöst wird (= Hingabe).
- Dadurch, dass ich mein Herz ganz gebe, kann ich es ganz behalten.

Koan
Wo baumelt meine Seele, wenn sie sich in der Hingabe endlich verloren hat?

> Je abstrakter die Wahrheit ist, die du lehren willst, um so mehr mußt du noch die Sinne zu ihr verführen.
>
> FRIEDRICH NIETZSCHE

Je – desto

»Je« und »desto« verweisen oft auf einen Kausalzusammenhang der Aussagen, die sie einleiten. Der Satz »Je höher der Druck, desto größer die Abwehr« veranschaulicht genannten Zusammenhang. Vielleicht haben Sie Lust, einige Je-desto-Sätze aufzuschreiben, die Ihr Leben charakterisieren. Sie brauchen dann nur noch die Je- oder die Desto-Hälfte der Satzaussage zu bearbeiten, um möglichen Spielverderbern Ihres Glücks den Stachel zu nehmen.

Phantasie-Ausbruch
Mein Leben charakterisierende Je-desto-Aussagen.

Aufbruchsfrage
Wie könnte ich das eine oder andere Ende der Je-desto-Wippe konstruktiv ändern?

Impulse, Sinniges und Unsinniges
- Je vollherziger, desto größer der Erfolg.
- Je verkrallter in die Vergangenheit, desto bitterer.
- Je jünger die Ehe, desto lieber die Partner.
- Je mehr wir erwarten, desto weniger passiert.
- Je lebendiger wir werden, desto weniger Chance hat die Sturheit.
- Je glucklger die Mutter, desto mehr vernachlässigt sie sich selbst.

- Je harmoniesüchtiger jemand ist, desto dauerhafter der Konflikt.
- Je weniger Sinnlichkeit sich am Detail entzündet, desto mehr Abenteuerurlaub.
- Je mehr ich mein Leben gestalte, desto weniger Unbilden widerfahren mir.
- Je mehr ich mich liebe und es mir gut geht, desto weniger muss ich meine Kinder einengen.
- Je dichter ich an Meinem bin, desto echter werden Kontakt und Kommunikation.
- Je höher das Podest, desto schmerzlicher der Absturz.
- Je tiefer das Leid, desto mehr krachen die Muster zusammen.
- Je mehr ich am Partner klebe, desto unausgesöhnter bin ich mit meiner Vergangenheit.

Koan
Was klingt umso mehr, je stiller es ist?

> Zwei Feinde, das ist ein und derselbe gespaltene Mensch.
> E.M. CIORAN

Kampf und Krampf

Edeltraut hat, wie man sagt, ein Männerproblem. Kaum erscheint irgendwo ein Mann, den sie interessant oder anziehend findet, rutscht sie in den Krampf. Sie fühlt sich regelrecht verhaltensgestört: Ihre Stimme wird piepsig, ihre Bewegungen sind unsicher, sie lächelt blöde und ihr Denken verschwindet. Das ärgert sie so sehr, dass sie sich nur über Aggression wieder ins Lot bringen kann. Konkret heißt das: Je attraktiver sie einen Mann findet, umso unfreundlicher ist sie. Also je massiver ihr innerer Krampf ist, umso kämpferischer ist sie.

Dies ist zwar eine traurige Bilanz, aber auch eine, die sich konstruktiv ausschlachten lässt. Wir können uns nämlich bei *jedem kämpferischen* Verhalten fragen: Welcher Krampf geht dem Kampf voraus? Das Krampf-Kampf-Spiel ist natürlich meist nicht auf eine Person beschränkt, sondern erobert schnell die gesamten Interaktionen. Spielauslösend kann fast jede Situation sein; Hauptsache, irgendwelche Krampfknöpfe werden gedrückt, so lässt auch der Kampf nicht lange auf sich warten. Hedwig zum Beispiel ist eine eher bodenständige, freundliche Person, die oft für andere betet. Das erzählte sie früher in aller Arglosigkeit. Und Hannelore, die zu den im Gebet Berücksichtigten gehörte, freute sich darüber. Bei Dieter hingegen drückte Hedwig auf einen Krampfknopf. Er fühlte sich klebrig berührt, weil sofort seine Rebellion gegen eine zu strenge kirchliche Moralerziehung in ihm ansprang. Seine Wut auf diese Erziehung wurde sofort angeklickt, und die arme Hedwig wird ihr Opfer. Im Glücksfall versteht sie Dieter und bewahrt ihr inneres Gleichgewicht. Im anderen Fall wird bei ihr der Krampfknopf »ungerechte Abweisung« gedrückt und das Krampf-Kampf-Spiel eskaliert.

Lösungsfragen
- Wenn ich emotional eingestiegen bin oder Aggressivität bei mir bemerke, frage ich mich: Welche Verletzung hat mich provoziert?
- Und wie ist diese Verletzung mit meinem bisherigen Leben verknüpft?
- Wie könnte ich jene Urverletzung mitteilen? Oder loswerden?
- Meist stecken frustrierte oder verdrängte Bedürfnisse hinter Urverletzungen, daher bietet der akute Verletzungsfall eine gute Gelegenheit zu spüren, welches Bedürfnis nun endlich freigelegt werden kann. Und dann sofort die Frage: Wie ließe es sich befriedigen?
- Um mich nicht im Kampf-Krampf-Spiel zu verschleißen, ist's für eine schnelle Krampfaufdeckung nützlich, Kampfformen bei mir und andern zu entlarven.

- Daher die Frage: Wie wird gekämpft? Das Spektrum ist beachtlich: Aggression tobt im Bloßstellen, in spitzen Bemerkungen, sogar in künstlicher, übertriebener Freundlichkeit, im Besserwissen, im Das-letzte-Wort-haben-Müssen, in der Leidensmiene, in der Vergesslichkeit, mit der ich andere sabotiere und ewig so weiter ... (☞ auch Familienmafia Seite 83).

Phantasie-Ausbruch
Mein Leben im Spaßglanz von Gelassenheit.

Impulse, Sinniges und Unsinniges
- Verhaltenheit bekommt Verhaltenheit zurück.
- Wenn ich Sehnsucht zum Zugpferd in meinem Leben machte, könnte ich mir Verzweiflung ersparen.
- Wir haben viele Methoden, uns immer wieder ins Lot zu krampfen.
- Der größte Krieg in uns selbst ist, wenn wir anders sein wollen, als wir sind.
- Was ist der schlimmste Tag im Jahr? Der zweite Januar, weil wir spätestens da merken, dass alle guten Vorsätze zusammengekracht sind.
- Der Lappen wird für den Hund erst dann interessant, wenn am andern Ende jemand zieht.
- Kampflinie = Grenzlinie, an der der Verstand aufpasst.
- Wenn das Unbewusste und das Bewusste um einen Knochen kämpfen, zieht das Unbewusste immer mit dem Knochen ab.
- Wenn ich gegen die Sicht eines andern kämpfe, habe ich seine Sicht schon bestätigt.
- Wenn ich mir das Loslassen eintrichtere, um besser durchzuhalten, habe ich nicht losgelassen.
- An der Abwehr des anderen kann ich erkennen, wie authentisch ich bin.

> WER BEREIT IST, UNRECHT ZU BEHALTEN, LEBT ANSTRENGUNGSFREIER.

- Wenn ich etwas zu sehr will, verpasse ich oft das, was ist.
- Das Beste im Leben ist gratis. Je mehr wir uns bemühen und anstrengen, umso weniger bekommen wir es.
- Immer, wenn ich krampfig nicht einsteige, bin ich schon voll eingestiegen.
- Streicheleinheiten hole ich mir direkt und nicht über einen Umweg. Lebensgesetz: Alles Indirekte manipuliert mein Umfeld, was dazu führt, dass die gewünschte Streicheleinheit verweigert wird.

Koan
Welches Kind schreit in meiner Aggression?

> Lachen ist die beste Medizin.
> VOLKSMUND

Krankheit

Krankheit ist eine Reaktion. Und zwar
1. auf ungünstige *äußere Gegebenheiten* (Umweltgifte, Lärm etc.),
2. auf ungünstige *innere Gegebenheiten* (kontinuierlicher Ärger, negative Lebensprogramme etc.),
3. auf ungünstige *genetische Anlagen*,
4. auf ungelöste und unbewusste *schicksalsmäßige Verflechtungen*.

Der folgende Text soll unserem Unbewussten anvertraut werden, damit unsere inneren Ressourcen zur Entschärfung obiger Punkte mobilisiert werden können.

Ich durchschaue und verstehe meine Lebensumstände genau. Es fällt mir leicht, die besten Lösungsschritte zu erkennen und umzusetzen. Das mache ich mit Freude und einer gewissen Geschmeidigkeit. Das Leben ist für mich ein Tanz. Alle Herausforderungen stärken meine Fähigkeiten, wie elegante Durchsetzung, das Aufspüren von Alternativen, meine für alle Beteiligten förderliche Abgrenzung, authentische und eindeutige Kommunikation. Ich erlebe diese Herausforderungen mit einem guten inneren Abstand. Meine Gelassenheit lässt meinen Geist frei umherschweifen. So entdecke ich einerseits geniale Lösungen für äußere Umstände und bin andererseits auch innerlich in der Lage, durch originelle Standpunkte und Ideen meinen inneren Frieden und meine Freiheit immer mehr zu stabilisieren und auszuweiten. Es ist für mich selbstverständlich, tief durchzuatmen sowie meine innere Stimme gut zu vernehmen und ihr zu folgen. Sie weiß, was mir gut tut. Auf diese Art führt mich meine gelingende innere und äußere Abwehrkraft an den Punkt, an dem ich ganz und gar im Einklang mit meinen Geliebten, meiner Sippe, meinen Mitmenschen und dem ganzen Leben bin. Ich genieße meine selbstgenügsame Gelassenheit und bin gleichzeitig verbunden mit dem Sein. Ich fühle mich in meinem Körper und im Leben wohl und geborgen. Ich umfange beide klar und liebevoll.

Lösungsfragen
Die gründliche Beantwortung folgender Fragen kann Gesundungsprozesse einleiten.
- Gibt es Gefühle, die ich nicht voll zulasse?
- Bedrückt mich etwas – offensichtlich oder unterschwellig?
- Seit wann habe ich die Krankheit? Was war vor und/oder zum Zeitpunkt des Krankwerdens in meinem Leben? Welche weiteren Belastungen liegen vor?
- Wie könnte ich den Krankheitsgewinn ohne Krankheit in mein Leben einbauen?
- Wann geht (ging) es mir besser? Das ist die wichtigste Frage, weil die Antwort schnurstracks auf die Lösung hinweist. So bei einem Bettnässer, der einen Hund bekommen hat oder von zu Hause weg im Zeltlager ist. Genauso aufschlussreich ist es, wenn sich jemand immer dann wohlfühlt, wenn der Partner auf Dienstreise ist.

Phantasie-Ausbruch
Reklamationsschreiben und Dankesbrief an meinen Körper (und ggf. sein Antwortschreiben).

Impulse, Sinniges und Unsinniges
- Der voll bewohnte Körper genügt sich selbst.
- Einmal am Tag richtig gelacht, den Arzt um den Job gebracht.
- »Bitte, Schatz, bevor ich jetzt Magengeschwüre bekomme, gib mir deine Autotür und einen Hammer.«
- Blasenentzündung und verhalten urinieren sind eins. Da Blasenentzündungen oft mit Abgrenzungsschwierigkeiten zu tun haben, kann sich der Leidende fragen, welche Bereiche er besser abpinkeln müsste.
- Wach sein als Alternative zur Symptomverschiebung.
- Wer gesund werden möchte, muss radikal sein. Ich kann nicht halbherzig aus einem Kindheitsprogramm aussteigen.
- Freiheit entsteht erst, wenn wir unseren Verantwortungsbereich abstecken. Dann bessern sich auch Rückenleiden. Rückenleiden haben oft mit zu viel und falscher Verantwortung zu tun. Wichtig ist, genau für mich selbst zu definieren, wofür ich Verantwortung übernehme. So fällt automatisch alles weg, wofür ich nicht verantwortlich gezeichnet habe.
- Bitterkeit ist die seelische Form von Gicht.
- Kranken zu helfen, hat häufig etwas sehr Invasives. Wir sollten sie in Ruhe lassen. Ihnen Genesungsraum geben!
- Die Grabesmiene am Krankenbett ist das Schlimmste. Direkt gefolgt vom aufgesetzten Mutmach- und Tröstegesicht.
- Jede Diagnose ist auch eine Beleidigung.
- Wenig ist unserer Gesundheit so abträglich wie Fremdbestimmung.
- Krankheit ist mitunter festgefahrene Trauer: Deshalb sich lieber einen Film zum Abweinen reinziehen als Stimmungsaufheller konsumieren.
- Besser raus aus der Ehe, als rein in die Krankheit.

- Wir sind immer wieder beim Symptom, anstatt bei den Empfindungen zu sein. Wenn ich bei den Empfindungen bin, bin ich dichter an mir dran.
- Wenn eine finale Krankheit siegt, hat sie verloren.
- Krankheit kann auch Entwicklungsdünger sein.

Koan
Wen stellt meine Gesundheit dar?

> Einem Freund, der mir erzählt, dass er sich langweilt, weil er nicht arbeiten kann, entgegne ich, dass Langeweile ein höherer Zustand ist und dass man ihn herabsetzt, wenn man ihn mit der Idee der Arbeit in Verbindung bringt.
>
> E.M. CIORAN

Langeweile

Ein langweiliger Abend, Mensch, Film. Er regt nicht an, er lenkt nicht ab. Meist steigen wir in Richtung Kurzweil, also Anregung und Ablenkung, aus der Langeweile aus. Wir wollen die Zeit, die wir so oft nicht zu haben meinen, verkürzen. Unbestritten ist Langweiliges quälend für den Geist. Trotzdem oder gerade deshalb wäre es spannend, Kurzweil und Langeweile durch eine Kultur der langen Weile zu ersetzen. Nach dem Motto: Endlich wird uns die Zeit lang. Endlich sind wir im Friedensmeer der Zeitfülle, endlich unsterblich. Endlich nicht mehr kurzweilig abgelenkt, sondern langweilig hingelenkt, nicht mehr angeregt, sondern in freudig erregter Ruhe.

Lösungsfragen
- Wie könnte ich für mehr lange Weile sorgen?
- Wenn ich mich oft langweile, frage ich, wie ich mich selbst anregen könnte.
- Was könnte ich heute dazulernen?

Phantasie-Ausbruch
Mein längster Verweiltag ...

Impulse, Sinniges und Unsinniges
- Mein Interesse ist so stark, dass alles Interessante mich langweilt.
- Solange authentisches Gefühl da ist, wird es nicht langweilig.
- Anstatt die Zeit totzuschlagen, die wir endlich gewonnen haben, wäre es günstiger, die Langeweile zu verlängern.
- Nicht Zeit haben, sondern in der Zeit sein.
- Zeit zum Sein und nicht Zeit für dies und das.
- Die Langeweile nutzen, um mir auf den Geist zu gehen.
- Mit mir sein, anstatt mir zu entkommen.
- Intensiv nichts tun!
- Stress ist rasender Stillstand.
- Wer ist der Drücker am Termin? Der Drücker am Termin ist die pure Einbildung.
- Zeit nicht totschlagen, sondern lebendig klopfen!

Koan
Wo bin ich, wenn die Zeit stillsteht?

> Frag einer mich, was Kunst ist,
> ich sage Leben.
> Frag einer mich, was Leben ist,
> ich sage Kunst.
> ALEXANDER WEICKER

Lebenskunst

Lebenskunst bedeutet, aus dem ganzen Leben ein Kunstwerk zu machen: es phantasievoll zu gestalten, anstatt es wahllos zu erdulden, sich bewusst für das wirklich Wichtige zu entscheiden, anstatt unbewusst am weniger Wichtigen zu haften.

Aufbruchsfragen
- Wann fühle ich mich richtig wohl? (Erbärmliche Behaglichkeit ist keine Lebenskunst.)
- Wie gestaltete ich mein Leben, wenn ich genug von allem hätte?
- Was brauche und will ich wirklich?

Phantasie-Ausbruch
Lebensgestaltung als schönstes Kunstwerk.

Impulse, Sinniges und Unsinniges
- Das Leben als Prozess sehen und nicht als Fertigware.
- Sensibles Dranbleiben ist wie ein Tanz.
- Das Gegenteil von verunglücken ist verglücken.
- Es geht darum, das Beste zu wollen, immer!
- Ich kann jeden Tag Neujahr spielen.
- Durch die Bereitschaft zum Reinfall bauen wir Vertrauen auf.
- Lebenskunst ist, wenn die Kunst und nicht der Alltag die Oberhand behält.
- Lebenskünstler lassen den Spaß und nicht den Ernst gewinnen.
- Wenn Freizeit zum Termin geworden ist, hat sich die Lebenskunst längst verabschiedet.
- Die Essenz der Freiheit ist die Fähigkeit des Neu-Beginnens.
- Sich nicht von dem hypnotisieren zu lassen, was war – das ist Lebenskunst.
- Wir können in keiner Schule so viel lernen wie in der Verliebtheit.
- »Welt, mach was du willst; ich bleibe heiteren Gemüts!«

Koan
Welches Werk überdauert in der Lebenskunst?

Leere

> Lieben – lieben, das ist es. Lieben ist alles.
>
> INGEBORG BACHMANN

Liebeslast – Liebeslust

Liebeslast entsteht, wenn die Lust, durch die Angst gepresst, zum Frust alles Eigenen führt. Die Gelenkfrage lautet: Wie muss ich sein, damit du mich immer liebst, auf Händen trägst, mir immer die erste Stelle in deinem Leben einräumst, mich nie verlässt, mich beschützt und anbetest?
Es folgen einige Hinweise, die helfen, dieses katastrophenschwangere Ziel sicher zu erreichen.

☺ *Tipps zur Vorbeugung von Liebesverlust*
- Denken Sie grundsätzlich durch den Kopf Ihres Partners/Ihrer Partnerin. Was will er/sie jetzt?
- Vergessen Sie alle eigenen Wünsche und Bedürfnisse.
- Fragen Sie ständig: »Was möchtest du jetzt, Liebling?« »Was kann ich für dich tun?«
- Interpretieren Sie sicherheitshalber jedes Verhalten des Partners zu Ihren Ungunsten, um noch besser herauszufinden, wie Sie sich verbiegen sollen.
- Brechen Sie den Kontakt zu allen andern Freunden ab, damit Ihr Partner/Ihre Partnerin seinen/ihren einzigartigen Stellenwert erfährt und sich (hoffentlich) ein Beispiel nimmt.
- Verhätscheln Sie Ihren Partner/ihre Partnerin und nehmen Sie ihm/ihr jeden Handgriff ab. Sollte das zu Muskelschwund in erheblichem Ausmaß führen, dann haben Sie ihn ganz gewonnen und können fröhlich bald den Rollstuhl schieben.

Die Kunst liegt darin, sich auf der gipfeligen Höhe der Liebeslust zu halten und weder links noch rechts vom Gratwanderweg in den Abgrund zu stürzen.

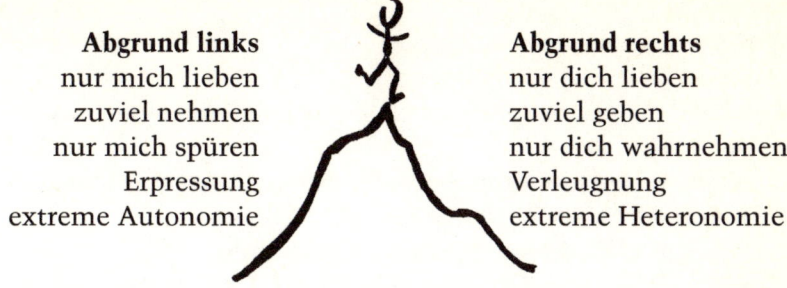

Abgrund links	Abgrund rechts
nur mich lieben	nur dich lieben
zuviel nehmen	zuviel geben
nur mich spüren	nur dich wahrnehmen
Erpressung	Verleugnung
extreme Autonomie	extreme Heteronomie

Das heißt, wenn ich nur mich liebe, nur nehme, nur mich spüre und dich emotional erpresse oder unter Druck setze, dann rutsche ich genauso aus der förderlichen Mitte heraus, wie wenn ich nur dich liebe, nur gebe, nur dich wahrnehme und mich verleugne. Also weder in der Eigendrehung versumpfen, noch in der Fremdausrichtung abhanden kommen! Je weniger Bedingungen ich an mich stelle und mir stattdessen erlaube, einfach so zu leben, umso mehr kann ich andere leben lassen und umso weniger packt mich die Angst vor Liebesverlust.

Aufbruchsfragen
- Welche Bedingungen stelle ich an mich?
- Könnte es zufällig sein, dass ich meine Maßstäbe auf andere übertrage – so auch ihnen Bedingungen stellend?
- Gelingt es mir in vollständiger Besinnung auf mich selbst, die Sonnenseite des Lebens zu sehen? (Oder strahlt's nur von den mich Liebenden her?)

Phantasie-Ausbruch
Meine bedingungslose Liebe zu mir selbst (als Lebens-, Jahres- oder Tagesbericht).

Impulse, Sinniges und Unsinniges
- Wenn das Liebesgeflüster zum Nörgeln mutiert ...
- In dem Moment, in dem wir in einer Beziehung Garantien haben wollen, gefährden wir die Liebe. Trauscheine sollen oft die Funktion solcher Garantien haben.

- Früher schrieben sie sich Liebesbriefe. Heute korrespondieren sie über die Anwälte.
- Aus dem Schlafzimmer ausziehen ist für viele wie ein kleiner Ehebruch.
- Partnerschaft als Kraftzentrum und nicht als Vorstufe zum Altersheim oder Restaurant!
- Die Verliebtheit will den andern grenzenlos.
- Wer sich in einer Liebesbeziehung zur Zielscheibe von Verletzungen macht, tötet die Liebe.
- Nicht gelebte Verliebtheit nützt sich nicht so ab.
- Wir verlieben uns in die, die der beste Entwicklungsdünger sind.
- Jede Partnerschaft ist ein Gewinn, wenn ich sie nutze, um etwas aufzuarbeiten.
- Wir quälen die am meisten, die wir am meisten lieben.
- Wenn Liebe da ist, brauchen wir nicht zu verhandeln.
- Wenn wir aus einer unerträglichen Partnerschaft gehen, sind wir erst einmal erleichtert. Jede Trennung ist jedoch nur zur einen Hälfte aufatmen, zur andern Hälfte verlieren.
- Was ist schlimmer: den anderen verlieren oder sich verlieren?
- Wir wollen uns in der Partnerschaft das holen, was wir in der Kindheit nicht bekommen haben. Und das ist für den Partner eine Überforderung.
- Halbherzigkeit greift die Liebe an.

Koan
Liebeslust und Verlustangst – und was ruft dazwischen?

> Es gibt keine Lösung, weil es kein Problem gibt.
>
> MARCEL DUCHAMP

Lösung

Der Mensch ist ein Tummelplatz für die Spielverderber des Glücks, weil er problemanfällig ist. Hier bieten sich uns zwei Auswege: Erstens, wir lösen die auftauchenden Probleme eins nach dem andern, manche sogar mehrmals ... und zweitens, wir erlösen uns von der Anfälligkeit für Probleme. Beide Auswege werden in diesem Buch verfolgt: zum einen dadurch, dass wir Probleme außen und innen erledigen und so auch in ein anderes Lebensgefühl hineinwachsen; zum andern dadurch, dass wir durch eine abnehmende Verstrickung mit den Umständen (= freier werdender Kopf) von unserer Problemanfälligkeit mehr und mehr erlöst werden.
Am günstigsten ist es, wenn uns beides gleichzeitig gelingt, denn je weniger verstrickt wir sind, umso souveräner können wir mit problematischen Einzelsituationen umgehen.

Lösungsfragen
- Was ist das Problem? Genaue Benennung!
- Liegt es überhaupt in meiner Macht, es zu lösen (zum Beispiel die Begriffsstutzigkeit meiner Nachbarin)?
- Was kann ich jetzt tun, um das Problem zu lösen, bzw. zur Lösung beizutragen?
- Wie viel von dem Problem findet lediglich in meinem Kopf statt und wie viel ist real?
- Habe ich ein klares Bild davon, wie eine Situation ohne Problem wäre? (Eine lebhafte Vorstellung vom eigenen Leben, so wie wir es gern hätten, hat bereits große Verwirklichungskraft. Toben Sie sich im Phantasie-Ausbruch aus.)

Phantasie-Ausbruch
Mein herrliches Leben ohne Probleme.

Impulse, Sinniges und Unsinniges
- Der Lösungsweg führt manchmal mitten durch die Peinlichkeit hindurch.
- Die Veränderung geschieht, wenn ich sie nicht mehr forciere.
- Differenzierung löst Meinungsverschiedenheiten.
- Aus der nahenden Gefahr des Verlustes alle Radikalität ziehen! Wenn das Schiff bereits untergeht, ist nichts mehr zu verlieren.
- Es ist die größte Großzügigkeit, sich zu weigern, gewisse Schwierigkeiten zu denken.
- In Lösungen denken, nicht in Problemen! Jedoch in Lösungen zu denken, wenn es kein Problem gibt, ist auch zu viel.
- Forsch sein heißt, ich lasse mich vom Problem nicht beeindrucken.
- Wenn der geplante Schritt nicht geht, muss ich ihn verkleinern oder modifizieren, aber nicht uferlos wiederholen.
- Kurzer Prozess ist gut, weil die Welt Fülle ist.
- Woran erkennen wir die Lösung? Daran, dass sie einfach ist und dass sie oft etwas mit einem Sprung zu tun hat.
- Erlöste brauchen keine Lösungen.
- Verantwortungslosigkeit macht Drama. Verantwortung spricht kurze, klare Sätze.
- Wir können Glück nicht der Vergänglichkeit entreißen, außer durch permanent neu sprudelnde Glücksfähigkeit.

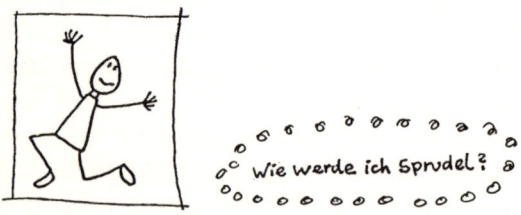

- Die Lösung ist oft: »Mach's anders!«
- Lückenloses Vertrauen ist viel effizienter als Kontrolle.
- Das ist das Wichtigste: Dass wir lernen, über uns selbst konstruktiv nachzudenken.

- Nicht da nach Lösungen forschen, wo sie nicht zu haben sind. Sie da nehmen, wo sie leicht zu haben sind.
- Es könnte alles gelöst sein, ohne dass ich es merke.
- Eine Lösung, die ich selber gefunden habe, bewegt mich viel mehr als eine Lösung, die mir vorgeschlagen wurde.

Koan
Was passierte mit der Abhebung, wenn es nichts Starres mehr gäbe, von dem wir uns abheben könnten?

> Der zur Philosophie Berufene ist ... derjenige, der die ganze Weite und Tiefe des zu Begreifenden durch Erfahrung kennengelernt hat.
>
> FRIEDRICH WILHELM SCHELLING

Philosophie

Ein Hund philosophiert nicht. – Der Mensch ist das vernunftbegabte Wesen, das animal rationale. Das führt zwar nicht notwendig zur Hervorbringung von Philosophie, aber bedeutet immerhin, dass wir Dinge herstellen, Welt gestalten, die Natur teilweise bezwingen, das Leben mit Abstand betrachten, Affekten mitunter entkommen können. Mit derselben Begabung können wir aber auch irren, die Natur zerstören und immer raffiniertere Vernichtungsstrategien entwickeln. Trotz dieser Schattenseite wird die Vernunft weitgehend für das exklusivste Gütezeichen des Menschen – sozusagen für den Gipfel seiner evolutionären Entwicklung – gehalten. Das erstaunt nicht, denn dank unserer wunderbaren Vernunft haben wir's uns recht gemütlich in der Welt gemacht: warm im Winter, Lebensmittel in netter Vielfalt, große Mobilität, gute Klangqualität, mehr Freizeit für viele! Ja, wir können denken! Aber leider ziehen wir daraus nur einen Nutzen und keinen *Sinn*, der inneren und äußeren Frieden schenkt. Sinn bleibt

uns auf den handelsüblichen Denkwegen verschlossen. In dieser Situation können wir
1. auf Sinn verzichten,
2. ihn uns in gläubiger Realitätsverneinung zurechtbasteln,
3. ihn durch einen ganz andern Gebrauch unseres Denkens in aufschließender Realitätsüberhöhung gewinnen.

Diese dritte Version hatte bereits Aristoteles im Blick, als er vom Nous, dem Geist, und das heißt des Menschen Fähigkeit zur Kontemplation sprach. Ganz entschieden differenzierte er zwischen Logos und Geist. Der Logos, die Vernunft oder Klugheit, war für ihn nicht das Höchste, nicht der Gipfel menschlicher Fähigkeit. Das Höchste ist der Geist, und je mehr wir uns auf unsere besten Möglichkeiten hin orientieren, umso glücklicher sind wir.

Hierzu Aristoteles im Originalton: »Was einem Wesen von Natur eigentümlich ist, ist auch für es das beste und genussreichste. Für den Menschen ist dies das Leben gemäß dem Geiste, da ja dieses am meisten der Mensch ist. Also ist dieses Leben auch das glückseligste.«[21]

So können wir uns vom Geist, von unserer höchsten Möglichkeit, über die Schwelle zu einem andern »Gebrauch von Denken« oder »Umgang mit unserem Bewusstsein« ziehen lassen. Wer philosophiert, sagt sich gerade nicht von der Vernunft los, sondern nimmt sie mit in die Abstraktion, in den Schritt zurück, in die Objektivität, sogar mit in die Kontemplation. Auf dem Weg in die Kontemplation ist ein freier Kopf eine zentrale Voraussetzung und bereits erstes Merkmal des Schritts aus dem engen Logos in den weiten Nous, aus dem zweckbezogenen Alltagsdenken in die sinnerfüllte Kontemplation bzw. das philosophische Denken, das sich immer auf einer Reflexionsebene über jeder Verstrickung bewegt.

Aufbruchsfragen
- Was verstehe ich unter Versenkung, Vertiefung, Kontemplation?
- Wobei gebe ich mich so hin, dass ich im Augenblick aufgehe und mich somit vergesse?

- Wie ließen sich solche Gelegenheiten noch mehr in mein Leben integrieren? Wann genau?
- Die Scheidelinie zwischen zu viel und zu wenig Denken lässt sich durch folgende Erwägungen exakt bestimmen:
  1. Zu viel denke ich, wenn ich mir damit den Kopf zuballere – also Kontemplation vereitele.
  2. Zu wenig denke ich, wenn ich Opfer von Emotionen bin und meinen Alltag nicht befriedigend geregelt kriege.
  3. Wo stehe ich zwischen dem Zuviel und dem Zuwenig?

Phantasie-Ausbruch
Meine Lebensphilosophie in drei Sätzen.

Impulse, Sinniges und Unsinniges
- Philosophieren heißt, sich mit der Weisheit zu befreunden.
- Philosophie führt in den guten Wahnsinn.
- Wer die tiefere Einsicht hat, sitzt am längeren Hebel.
- Meine Freiheit beginnt da, wo die des andern anfängt.
- Die Kunst ist die Schwester der Liebe und die Tochter der Philosophie.
- Abstraktion ist Tonic, ist Befreiung für den Geist.
- Wissen ist gut, wenn ich es vorurteilsfrei verwende. Sonst ist Wissen Brutstätte für noch mehr Irrtum. Im Denken tiefer und einfacher zu werden, darum geht es.
- Erkennen nützt nur als Brücke zur Handlung.
- Wach werden heißt, an der eigenen Grenze schieben.
- Wenn wir alles verstehen könnten, bräuchten wir nicht mehr zu werten.
- Wir rücken der Wahrheit näher, wenn wir uns weglassen.
- Quatsch machen und Transzendenz haben denselben Spielplatz.

Koan
Wer bin ich in der Kontemplation? Und wo?

> Komm morgen wieder, Wirklichkeit.
> FERNANDO PESSOA

Realsein

Es scheint unmöglich, gänzlich real zu sein, denn dann müssten unsere Wahrnehmung und Erkenntnis Zugang zu äußerster und vollständiger Wirklichkeit haben. Wir müssten in der Lage sein, das Beste und Angenehmste materiell, ethisch sowie spirituell zu erfassen. Darüber hinaus müsste es uns gelingen, die Interdependenz dieser Merkmale derart einzukalkulieren, dass das Optimum herausgefiltert werden könnte. Was in der einen Hinsicht der Gipfel sein mag, kann in der andern Hinsicht völlig versagen. So müssen wir uns wohl mit einem Realsein innerhalb unserer Beschränktheit abfinden. Allenfalls kann uns das geringere Übel gelingen.

Lösungsfragen
Im Bemühen, eine Sache real einzuschätzen, frage ich mich im Wirbel der Komplexität:
- Was sind die Vorteile?
- Was sind die Nachteile?
- Sind die Vorteile unterm Strich noch Vorteile?
- Sind die Nachteile unterm Strich wirklich Nachteile?
- Ergeben sich die Vor- und Nachteile aus faktischen Gegebenheiten oder aus meiner Interpretation?
- Wenn Vor- und Nachteile unzweifelhaft scheinen, bleibt noch die Frage, ob das nur in einer Hinsicht der Fall ist oder in allen erdenklichen Hinsichten.
- Nun gilt es noch, die Prioritäten aller Hinsichten auszuloten. So mag eine Geschäftsaufgabe in fast jeder Hinsicht total unsinnig, aber aus gesundheitlichen Gründen dennoch angeraten sein, da dieser letzte Grund alle andern in den Abgrund reißt.

Phantasie-Ausbruch
Bei genialer Gesamtbedenkung wäre es am schönsten, wenn ...

Impulse, Sinniges und Unsinniges
- Bitterkeit heißt, alle Erfahrung war umsonst.
- Echtheit ist ein Verhalten, dem keine Selbstmanipulation vorausgeht.
- In den Dialog mit dem Leben gehen, nicht das Leben auslegen!
- Sich weigern, Recht zu haben, ist eine gute Sache; es ist so gut, wie sich zu weigern, monologisch zu interpretieren.
- Es bedarf einer großen Abstinenz, nicht alles zu deuten. Deuten ersetzen durch gucken, was ist.
- So können wir das Leben auch verbringen: von Einbildung zu Einbildung.
- Je genauer wir unser je eigenes Lieblingsdrama anschauen, desto irrealer wird es.
- Wer in der wirklichen Wirklichkeit lebt, löst beim andern Selbstkonfrontation aus, anstatt in die Verhakelung zu gehen.
- Wenn es uns gut geht, dann ist das die Realität. Wenn es uns schlecht geht, dann ist das meist Einbildungsoutput.
- Vorurteile sind Abwehrmechanismen.
- Wenn ich eine Situation als Situation sehe, kann ich kreativ sein. Wenn ich eine Situation als Problem sehe, ist sie ein Problem.
- Es ist gut, in der Realität zu leben, weil wir das sowieso müssen. Jedes Abrücken von der Realität schwächt.
- Wenn ich real bin, bin ich handlungsfähig. Wenn ich irreal bin, bin ich zur Hoffnung verdammt.
- Auf der Erde lässt sich besser bauen als im Kopf.

Koan
Wenn ist, was ist – was ist dann?

> Unterlassene Handlungen ziehen oft einen katastrophalen Mangel an Folgen nach sich.
>
> Stanislaw Jerzy Lec

Rücksichtnahme

Wie steht's denn mit der Rücksichtnahme?
Die einen sagen, sie sei nur hemmend. Denn wer immer nur Rücksicht nehme, das heißt zurückschraube, ließe sich im Vorwärtssturm eigener Möglichkeiten brechen. Die andern finden sie gut. Denn wer keine Rücksicht nehme, werde zum beziehungslosen Egobrocken. Diese konträren Positionen lassen sich leicht aus der Blickwinkelversteifung locken und versöhnen, wenn wir den Begriff der Rücksichtnahme folgendermaßen differenzieren:

- einschließende, umfangende Rücksichtnahme,
- ausgrenzende, abspaltende Rücksichtnahme.

Zur Erläuterung mag es nützlich sein, sich die traditionell unterschiedenen Dimensionen der Liebe als *Agape* einerseits und *Eros* andererseits zu vergegenwärtigen. Agape ist eine Form der Liebe, die sich dem andern mitfühlend und umfangend zuwendet. So ließe sich die einschließende, umfangende Rücksichtnahme verstehen. Sie berücksichtigt und schließt ein, was *auch noch* ist. Diesem Auch-Noch ist alles zuzurechnen: die Rücksichtnahme nicht nur auf andere, sondern auch auf die eigenen Bedürfnisse. Wenn ich auf jemanden umfangend Rücksicht nehme und gleichzeitig meine eigenen vitalen Bedürfnisse auf der Strecke lasse, so ist mein Umfangen oder meine Agape einfach leck. Eine Rücksichtnahme, bei der ich mich selbst überspringe, ist genauso destruktiv ausgrenzend und abspaltend wie jedes Ignorieren meines Umfelds.
Eros ist eine Form der Liebe, die uns zum Größeren über uns hinaus streben lässt. Eros als Entwicklungsimpuls, den wir in unserer Sehnsucht spüren können.
Natürlich ist die Alltagshandhabung der Rücksichtnahme komplex und ein Eiertanz, wenn wir Eros – Agape getreu – um-

fangend berücksichtigen wollen. Wenn wir also erosartig unser sehnsüchtiges Streben nach der Verwirklichung unserer besten Möglichkeiten in Einklang bringen wollen mit dem Umfangen unzähliger Auch-Nochs. Auf eine Formel gebracht, geht's darum, Folgendes immer wieder auszuloten:

Formel: Hier und jetzt das eigene Optimum leben, ohne sich vom Umfeld oder sich selbst abzutrennen.

Lösungsfragen
- Was wäre jetzt das Optimum für mich? Und ist dieses Optimum im Einklang mit meinem inneren und äußeren Umfeld?
- Bei welchen Handlungen agiere ich im Interesse anderer und verleugne gleichzeitig eigene vitale Bedürfnisse?
- Gelingt es mir, gut zu unterscheiden zwischen Harmoniesucht, Alleinsein und Einsamkeit?
- Umfangendes Lieben hat nichts mit Helfersyndrom und nichts mit aufopferndem Mackenservice zu tun. Daher frage ich mich, ob ich mir unguter Helferantriebe (solche, die mein Gegenüber schwächen) bewusst bin? Und ob ich mitunter zum Opfer der Macken anderer werde?

Phantasie-Ausbruch
Meine grenzenlose Rücksichtslosigkeit.

Impulse, Sinniges und Unsinniges
- Ein Geschenk, das nicht zu mir passt, verkennt mich. Manchmal ist es mehr, nichts zu schenken.
- Hast du jemals eine Pflanze gesehen, die nur ein Sämchen rausknallt? Die Natur knallt Sämchen raus, was die Stängel hergeben!
- Zumutung ist um Klassen besser als Trösten.
- Wenn ich Verzicht übe, kann ich nicht mehr großzügig sein.

- Lass deine Samtpfoten weg, ich will Tigerkrallen. Wenn, dann tanze wie ein Zigeuner und nicht wie ein Ei.
- Hier schont mich keiner! Hier bin ich ganz Mensch!
- Rücksicht? Ich will nach vorn schauen und nicht zurück!
- Rücksichtnahme verstopft die Liebesfähigkeit.
- Wer vorsichtig nimmt, bekommt nur wenig. Das Leben ist eine volle Tüte, die nie leer wird.
- Wenn ich unmittelbare Gefühle äußere, verletze ich andere in der Regel weniger, als wenn ich angestaute Gefühle entlade.
- Wer sich sehr zurücknimmt, ist unbewusst sehr dominant.
- Schonen heißt, ich mute dem andern nichts zu.
- Falsche Rücksichtnahme ist Entmündigung des andern.
- Ursprünglichkeit ist immer okay, falsche Rücksichtnahme nervt und hat Brutalität in der Hinterhand.
- Es ist ungerecht, wenn wir uns selber nicht gerecht werden.
- Ich tue niemand einen Gefallen, wenn ich mein Ohr als Fußmatte hinhalte. Wir wollen Begegnung und keine Storys.
- Sehnsucht, die nicht beflügelt, ist keine Sehnsucht.

Koan
Wenn Hand in Hand mit dem Rest der Welt – welcher Gipfel dann?

> Seitdem der Mensch aufrecht geht, ist sein Schatten länger.
>
> STANISLAW JERZY LEC

Schatten

Die nicht gelebten Schattenanteile sind immer schuld. Wir können sie belichten und beleben, wenn
- wir selbst machen, was wir an andern bewundern oder was uns an ihnen nervt;
- wir machen, was uns ängstigt;

- wir übertreiben und Ungehorsam praktizieren;
- wir aufspüren, was wir an uns ablehnen und das dann in vielleicht modifizierter Form zum Zuge kommen lassen;
- wir Schuldgefühle genau differenzieren in solche, bei denen wir uns selbst etwas schuldig bleiben, und solche, bei denen wir gegen einen Moralcodex verstoßen. Und dann so leben, dass wir uns selbst und dem Leben nichts schuldig bleiben;
- wir uns mehr Verrücktheiten erlauben;
- wir unsere Werte und Maßstäbe überprüfen und sie so ändern, dass wir voll zu ihnen stehen können.

Schattenerlösungsspiele
1. Spiel
Wir erzählen oder schreiben auf, was wir an anderen richtig toll finden und was wir an ihnen verabscheuen. Und dann nehmen wir die so ermittelte Eigenschaftspalette und behaupten nun mit Engagement und ausschmückenden Beispielen, dass wir selbst so sind. Am lustigsten ist's, wenn wir uns in diese Schattenanteile richtig reinsteigern.

2. Spiel
Wir erzählen ganz stolz und mit leichter Würde, was für ein widerliches Ekelpaket wir sind. Wichtig ist dabei, nicht in Selbstbezichtigungen zu geraten und sich niederzumachen, sondern eher triumphierend die eigenen Schandtaten zu berichten; sich sozusagen an der eigenen Seelenschwärze zu ergötzen.

Phantasie-Ausbruch
Meine gemeinsten und hinterhältigsten Gedanken und Taten.

Impulse, Sinniges und Unsinniges
- Wenn ich mit dem Misthaufen nicht umgehe, geht der Misthaufen mit mir um.
- Jede Fehlleistung offenbart, was wir uns bewusst nicht trauen.

- Wenn wir kein Hürdenbewusstsein hätten, könnten wir andere Wege gehen.
- Im Angesicht des Perfekten können wir nur versagen.
- Wer sich nicht voll lebt, frustriert sich selbst dauerhaft so sehr, dass er sich an der Welt rächt. So hat der Egoismus Hochkonjunktur.
- Die Abwehr lassen heißt, dem Schatten Sauerstoff spendieren.
- Je borniter meine Wahrnehmung, desto ungestümer mein Schatten.
- Mit Schattenthemen flirten, damit sie auftauen!
- In manchem Lachen dringt der Schatten ans Licht.
- Es ist der Schatten, der uns verdreht und mistig interpretieren lässt.
- Der Schatten wird vom Intellekt permanent so bearbeitet, dass er für das Über-Ich akzeptabel ist.
- Das Gegenteil von Verdrängen ist Kontakt herstellen.
- Trotz und Anpassung sind Geschwister.
- Auch Bewunderung kann nachteilig sein, wenn wir dadurch Eigenes im Schatten halten.
- Der eigene Schatten sabotiert uns. Deshalb ist es besser, ihn zu integrieren. Wir können ihm sowieso nicht entkommen.

☺ *Des Monsters Bekenntnis*
Ich darf mich bekannt machen: Ich bin das Monster, alias spukender oder spuckender Geist. Und ich verfolge das hehre Ziel, die Menschen von ihrem inneren Frieden zu erlösen. Mit andern Worten: Ich bin das Salz in der Suppe des Lebens. Meine Arbeitsweise ist simpel. Ich liege permanent an den menschlichen Schwachstellen auf der Lauer. Ich bin so mächtig und einflussreich, dass ihr mich in keinster Weise untergraben könnt, selbst dann nicht, wenn ich euch sogar die Namen dieser Schwachstellen verrate! Sie lauten: Ehre, Stolz, Ungerechtigkeit, Übergangenwerden, Eifersucht, Missachtung, Kritik – halt alle Girlanden, die sich um den Selbstwert ranken. Ja, und genau da liege ich also auf der Lauer, und sowie sich eine Gelegenheit bietet, schlage ich zu und salze mit Wut, Hass und Minderwertigkeitsgefühlen. Daran wird sich nichts ändern! Ich bin stark und

immun gegen alle Versuche, mir am Zeug zu flicken! Ich genieße meine Macht, euch das Leben zu versalzen!
PS. Fühle mich gerade so übermütig, dass ich euch sogar noch meinen besten Trick verrate. Wenn euch nämlich niemand übergeht, verletzt, beleidigt, bloßstellt, kritisiert, dann arbeite ich einfach mit eurer Einbildungskraft und pflanze euch die Idee oder falsche Wahrnehmung ein, ihr würdet kritisiert. Herrlich! So bringe ich einfach jeden zu Fall!!

Umgang mit dem Monster in uns
1. Mir klar machen, was von mir erwartet wird; zum Beispiel, dass ich eine gute Mutter bin, dass ich treu bleibe etc.
2. Ich formuliere die Umkehrung. Wichtig: Die für mich sinnvollen Worte wählen und ein bisschen übertreiben. Beispielsweise: Ich bin eine auch auf sich selbst bedachte Mutter, ich genieße meine Freiheit.
3. Ich lade mich mit dem positiven Satz auf und beobachte, welcher Monstertext dadurch provoziert wird.
4. Und das mache ich so lange, bis dem Monster die Luft ausgeht.

Koan
Wen liebe ich, wenn ich meine Miesigkeit umarme?

> Wir alle würden verwandelt werden, wenn wir nur den Mut zu uns selber hätten. MARGUERITE YOURCENAR

Schmalspurleben

Der Gedanke, der hier herausgeschält und schließlich praktikabel gemacht werden soll, ist keineswegs neu. An allen Ecken und Enden kommt er uns ganz unterschiedlich entgegen. So im Alltag in dem Gefühl, erst leben, wirklich leben zu können, wenn wir genug Zeit haben, genug Geld, genug

Muße, weniger Arbeit oder mehr Arbeit, wenn wir die erfüllende Partnerschaft haben, den richtigen Wohnort gefunden haben, die Kinder aus dem Haus sind, wenn irgendwelche Bedingungen erfüllt sind und wir endlich den Kopf so frei haben, dass wir sorgenfrei und unbeschwert leben können. Es geht also nicht um die Erfüllung von Bedingungen, sondern darum, dass wir kapieren, wie sehr wir unser Glück durch das Stellen von Bedingungen unterdrücken.

Aufbruchsfrage
- Welche Bedingungen schiebe ich zwischen mich und mein Glück?

Phantasie-Ausbruch
Meine bedingungsbefreite Seligkeit.

Impulse, Sinniges und Unsinniges
- Aufhören, sich selbst Widerstand zu leisten!
- Halbheiten schwächen!
- Sind wir unsere Kindheitsprägung oder mehr?
- Ich erfinde mein Leben und kann es jederzeit neu erfinden.
- Mit meiner Autobiographie mache ich mich selbst chronisch.
- In der Hoffnung, dass es wieder wird, wie es einmal war, werden wir handlungsarm.
- Das Ich ist nichts anderes als das Abwehrbündel, das den Status quo aufrechterhalten will. (Formel: Selbst minus traumatische Kürzung = Ich)
- Ich habe nichts gewünscht und bin auch nicht enttäuscht worden. Prima!
- Nicht ins Bergsteigen oder Radfahren setzen wir die meiste Energie, sondern in die Selbstverhinderung.
- Alles, was ich mache, um andern etwas zu beweisen, trennt mich ab von mir selbst.

- Die Kindrolle kann niemals zu wirklichem Menschsein führen. In der Kindrolle gibt es bestenfalls nur die nuckelnde Behaglichkeit.
- Die Vergangenheit ist eine Staumauer im Strom des Bewusstseins.
- Wer alles im Griff hat, lebt in einem Schmalleben. Was sagte sie auf dem Sterbelager? »Mein Leben hat gut funktioniert.«
- Mangel an Leidenschaft heißt, das Leben im Schongang zu leben.
- Zaghaftigkeit ist eine Variante vom Hintern-nicht-Hochkriegen.

Endlich mal ein Identitätsverlust
»Ja, und wer sind Sie?« »Ich? Ich heiße August Schlinkerich, bin Lokomotivführer, habe drei Kinder, der Älteste studiert Jura, singe im Chor und wohne Am Lütterchen 3b in Hermeshofen.«
So oder so ähnlich beschreibt einer seine Identität. Das ist er dann. Und das glaubt er auch. Diese oberflächliche Beschreibung und vor allen Dingen der Glaube an sie verhindern, dass wir die Frage nach unserer Identität tiefer stellen. So wird ein immer festeres Einrichten in der jeweiligen Identität begünstigt.
Wenn wir wirklich herausfinden wollen, wer wir sind, so ist es nützlich, diesen oberflächlichen Wesensverstopfer – eben die soziale Rolle als Identität – zu verlieren. Gertrude Stein erlaubt mehr Offenheit, wenn sie das Selbst folgendermaßen definiert: »Ein Selbst ist ein Selbst ist ein Selbst.«
Je fester wir uns an unsere Identität, Persona, soziale Rolle, unser Ego klammern, umso verhängnisvoller ist die Täuschung, der wir dadurch erliegen. Diese Täuschung besteht darin, dass wir unsere Identität für den Essenz- und Schlussstrich unseres Seins halten. Und das ist einfach zu viel des Schlechten, in mehrfachem Sinne eine unnötige Selbstbegrenzung. Denn zum einen – ganz diesseitig – hat August vermutlich auch das Zeug zu noch interessanteren Berufen, zum andern – weniger nur diesseitig – könnte August sein gesamtes illusorisches Ich transzendieren und zu seinem hinter

allen Wechseln stehenden Selbst vorstoßen. Derweil scheint er es vorzuziehen, sich weiterhin in seinem eingerichteten Leben aufzuhalten.

Koan
Was verliere ich, wenn ich meine Identität verliere? Und was bleibt?

> Jedes Wesen ist ein stummer Schrei danach, anders gelesen zu werden.
> Simone Weil

Schmollen und Beleidigtsein

Nicht jeder kann gut schmollen. Es ist eine regelrechte Kunst. Sie erfordert eine Doppelbewegung: zum einen, dass wir uns vollständig in uns verkriechen, zum andern, dass wir parallel zum Verkriechen uns enorm ausbreiten und zwar in Form von mieser Atmosphäre. Im Umkreis von zwanzig Metern andern durch das eigene Schmollen die Laune zu verderben, ist eine seltene Spitzenleistung.
Freilich ist das Beleidigtsein erlernbar; es gilt folgende Grundregeln zu beherzigen:
- Weichen Sie jedem Kontakt aus.
- Starren Sie reglos und tragisch leeren Blicks vor sich hin.
- Wenn Sie angesprochen oder gar berührt werden, wenden Sie sich ab. Bleiben Sie unter allen Umständen einsilbig.
- Üben Sie für den (so sehr ersehnten) Kontaktfall einen traurig vorwurfsvollen Gesichtsausdruck ein.
- Vergessen Sie nie Ihre Hauptziele:
  1. Der andere soll auf Sie zukommen, damit Sie die Freude haben, sich beleidigt abwenden zu können.
  2. Der andere darf auf keinen Fall erfahren, wie es Ihnen wirklich geht, denn dann wäre Kontakt hergestellt und somit Ihre Schmollrunde zerstört.

- Wenn jemand gemeinerweise versucht, Sie zum Lachen zu bringen, müssen Sie standhaft bleiben, weil jedes Lachen Ihrerseits das schöne Beleidigtsein platzen lässt.

Die Schmollmeisterschaft erkennen wir nicht nur am Dickeluftradius, sondern auch an der Dauer, für die ein Schmolldurchgang durchgehalten wird.

☺ *Schmollhilfetipps*
Da das Schmollen nicht so eine leichte Sache ist, sollen hier noch einige Tipps folgen, mit denen Sie andern den Einstieg ins Beleidigtsein erleichtern können.
- Am besten sind barsche und ungerechte Äußerungen oder Verhaltensweisen. Wenn Sie beispielsweise von jemandem ein Überraschungsfoto machen wollen, sich aber derart laut anschleichen, dass derjenige aufschaut und Sie mit der Kamera entdeckt, dann herrschen Sie ihn an: »Verdammt, dass du ausgerechnet jetzt hochgucken musst!«
- Sie wissen, es ist der Ton, der die Musik macht. Üben Sie einen scharfen und bissigen Ton ein. Das wirkt bei der Schmollförderung des andern wahre Wunder.
- Ignorieren Sie Ihr Gegenüber, fallen Sie ihm häufig ins Wort oder noch besser: Lassen Sie ihn gar nicht erst zu Wort kommen!
- Vergessen Sie nicht, dass Sie dem andern helfen wollen, in den beleidigten Rückzug zu gelangen. Deshalb sind alle Verhaltensweisen, mit denen Sie den andern Ihrerseits in die Wüste schicken, schon der halbe Weg zum Ziel.

Lösungsfragen für Beleidigte
- Wodurch wird mein Beleidigtsein bevorzugt ausgelöst?
- Welche andern Schmerzen werden dadurch zusätzlich aktiviert?
- Wie und mit wem könnte ich über jene alten Schmerzen sprechen?
- Wie könnte ich sie heute lindern oder heilen, damit sie nicht mehr so leicht aktiviert werden können?

Lösungsfragen für den Umgang mit Beleidigten
Der Beleidigte katapultiert sich selbst ins Abseits seines Rückzugs, wodurch er oft eine Zurücksetzung oder ein Ausgeklammertwerden aus Kindheitszeiten wiederholt. Deshalb ist es Labsal für den Beleidigten, wenn wir den Kontakt mit ihm halten und wieder aufnehmen.
- Wie kann ich im akuten Schmollfall den Beleidigten erreichen?
- Wie viel Geduld habe ich und will ich aufbringen?
- Gelingt es mir, unverstrickt zu bleiben? Andernfalls verschärfe ich die Einzelhaft des Beleidigten.

Phantasie-Ausbruch
Die Innenansicht meines Schmollens.

Impulse, Sinniges und Unsinniges
- Unterscheiden zwischen der Erfahrung selbst und der Interpretation von Erfahrung. Die Erfahrung, die durch das Gelernte und Gesehene entsteht, soll bleiben. Die interpretierte Erfahrung kann gehen. Wenn mein Partner zum Beispiel ein beleidigtes Gesicht zieht, kann ich entweder sagen »Okay, er guckt jetzt so.« Das wäre die nicht interpretierende Version. Ich lasse den Partner in seiner Angelegenheit. Oder ich sage: »Er liebt mich nicht mehr! Ich habe sein Müsli nicht gut gemacht!« Das wäre die interpretierende Version.
- Misslungene Vergangenheit ist immer eine Beleidigung der Gegenwart.
- In der Verbitterung sind wir sicher vor dem Leben.
- Wenn ich das verletzte Kind sein darf, brauche ich nicht das nörgelnde oder beleidigte Kind zu sein.
- Wenn dir jemand einen Korb gibt, dann krabbel am besten schnell wieder raus. Es gibt immer ein Leben nach dem Korb.
- Wie kommen wir zu uns? Indem wir die gegenwärtige Befindlichkeit äußern, so viel Quatsch und Unsinn wie möglich machen, in geeigneten Körperkontakt mit andern

gehen, innehalten, die eigene Bedürfnislage mitkriegen und befriedigen, uns selbst und Unbehagen jeder Art nicht überspringen, sondern ernst nehmen, die eigenen Träume verstehen und beantworten.
- Am *Anfang* des Leidensdrucks Tempo entwickeln! Später geht's schwerer.
- Kleine Schritte sind besser als große Vorsätze.
- Unbehagen, das ausgespuckt wird, macht nicht schwer. Unbehagen, das geschluckt wird, macht schwer.
- Ehe wir in den eigenen Film gehen, gehen wir besser in die Kommunikation.
- Bei uns gab es nie ein böses Wort! – Wir haben eh nie miteinander gesprochen.

Koan
Wenn ich selbst und alle andern bestraft sind, wer bin ich dann?

> Damit, daß jemand sich »schuldig« ... fühlt, ist schlechterdings noch nicht bewiesen, daß er sich mit Recht so fühlt.
> FRIEDRICH NIETZSCHE

Schuldgefühle

Schuldgefühle können ein sehr wertvolles Regulativ sein: nämlich immer dann, wenn wir uns selbst oder andern ganz real etwas schuldig geblieben sind. Dann spornen die Schuldgefühle zum konstruktiven Ausgleich an.[22] Ganz anders steht es mit den viel häufigeren, gleichsam irrealen, unberechtigten »Schuldgefühlen«. Sie werden dadurch erzeugt, dass geliebte Mitmenschen es verstehen, sie ganz subtil oder auch krasser in einem hervorzulocken.
Margit beherrscht diese Kunst ganz besonders, weshalb sie hier als Beispiel dienen soll. Die Ausgangssituation ist fol-

gende: Margit ist mit einer Freundin namens Frieda in Urlaub gefahren. Frieda ist Nachtschwester und hat auch tagsüber zunächst noch ein großes Schlafbedürfnis. Kurz nach der Ankunft im Hotel legt sie sich zur Ruhe. Als sie sich zwei Stunden später in aller Arglosigkeit zu Margit gesellt, scheint diese völlig verändert. Sie ist einsilbig und ruppig. Frieda versucht zunächst, Margit aufzuheitern, was deren abgewandte, stille Aggressivität weiter steigert. Frieda spricht das ihr unbekannte Übel direkt an und fragt: »Ist irgendetwas passiert? Geht es dir nicht gut?« Nach kürzerem Schweigen presst Margit hervor: »Ich möchte jetzt nicht darüber sprechen.« Frieda ermutigt sie dennoch zu sprechen. Mit leidvoller Stimme sagt Margit: »Ich kann nicht.« Dabei wendet sie sich ziemlich abrupt ab. Frieda fühlt sich immer unbehaglicher, von schönem Urlaubsbeginn keine Spur. Sie fühlt sich schuldig. Irgendetwas hat sie verkehrt gemacht! So versucht sie in einem weiteren Anlauf, Margits Stimmung zu ergründen und möglichst aufzuhellen: »Sag mir doch, was los ist. Hab ich dich verletzt?« In beleidigt aggressivem Ton wird ihr nach einem schmerzerfüllten Schweigemoment diese Antwort zuteil: »Wenn du so wenig Selbstwahrnehmung hast, solltest du besser alleine in Urlaub fahren!« Damit ist nun jeder Zweifel beseitigt: Frieda hat etwas ganz Schlimmes verbrochen. Ihre Schuldgefühle steigern sich mehr und mehr! Durch Margits Blick und Gebaren wird sie kontinuierlich an ihr Fehlverhalten erinnert. Das fast Groteske an der Sache ist, dass sich Frieda wirklich schuldig und schlecht fühlt und dass sie sich gleichzeitig jedoch keiner Schuld bewusst ist! Sie fühlt sich ferner angestrengt, hilflos und elend ... Eigentlich wollte sie sich mit Margit einen schönen Urlaub machen.

Was ist denn bei den beiden schief gegangen? Als Frieda ins Bett ging, um ihr Schlafdefizit aufzuholen, hat sie Margits unausgesprochene (!) Erwartungen enttäuscht. Margit wäre gerne mit der Freundin zum Strand gelaufen, um da einen Urlaubsauftakt-Cappuccino zu trinken. Dieser Wunsch wird freilich durch Friedas Müdigkeit nicht erfüllt. Margit legt dann ihre beliebtesten Heimkinovideos ein mit den Titeln »Meine

Wünsche interessieren niemanden« und »Keiner kümmert sich um mich«. Für die ganze Wucht dieser alten Verletzungen will sie Frieda verantwortlich machen und ihr eine Schuld aufbürden, die in Anbetracht der konkreten Situation einfach irreal ist. Das ist also mit »irrealen« Schuldgefühlen gemeint.

☺ *Wie wir irreale Schuldgefühle bei andern aufbauen*
- Zunächst ist wichtig, Verletzungsgefühle auf gar keinen Fall zu hinterfragen, sondern immer dem gegenwärtigen Auslöser die ganze Schwere, die gefühlt wird, anzuhängen.
- Möglichst nicht mehr sprechen, allenfalls unklare Halbsätze, die das Gegenüber mehr ausklammern als informieren.
- Eine sehr verschlossene, vorwurfsvolle oder tragisch bedeutungsschwangere Miene aufsetzen.
- Sehr wirkungsvoll ist, entweder gar nicht oder auffällig spärlich auf Kontaktangebote von anderen zu reagieren.
- Die eher sportlichen Typen sollten mit sachlicher Kälte Vorwürfe machen, die entweder schneidend gezischt oder unsensibel laut geäußert werden.
- Wenn das Gegenüber mitteilt, eine irreale Schuld zu fühlen, so ist das eine herrliche Gelegenheit, der Schmerzschraube eine weitere Umdrehung zu geben mit den Worten »Das ist dein Problem!« Oder platter: »Selbst schuld!«

Lösungsfragen
Bei realen Schuldgefühlen:
- Wozu spornen sie mich an?
- Wie ließe sich ein realer Ausgleich mir selbst oder andern gegenüber umsetzen? Beispielsweise ein Zusatzurlaub bei Vernachlässigung der eigenen Bedürfnisse.

Bei irrealen Schuldgefühlen:
- Wie bereite ich sie andern? Wie könnte ich direkt über mein Leid sprechen?
- Wer bereitet sie mir? Wie könnte ich mich wehren? Ist eine Handlungskonsequenz angesagt?
- Worauf verzichte ich, wenn ich es nicht mehr allen bzw. der Person _____ (Namen einsetzen) recht mache?

- Wenn ich in einem Dilemma bin und entweder mir oder andern etwas schuldig bleiben muss, wie sollte ich mich entscheiden?
- Wenn ich davon ausgehe, dass jeder sein Möglichstes gibt – was durchaus sehr wenig sein kann –, wie könnte sich dadurch mein Schuldzuweisungsverhalten ändern?

Phantasie-Ausbruch
Mein in jeder Hinsicht ausgeglichenes Leben.

Nur Traumtänzer haben einen sicheren Gang.

Impulse, Sinniges und Unsinniges
- Wer sich selbst ausgrenzt, löst oft Schuldgefühle beim andern aus.
- Das ganze Universum ist griffbereit. Wer nicht zugreift, ist selbst schuld.
- Wer alles richtig machen will, kommt nicht ins Handeln. Die Eigenverantwortlichen sind einsam, aber handlungsfähig.
- »Wenn ich die Erwartungen der Eltern erfülle, dann darf ich auf dieser Welt sein.« Diese Haltung sitzt tief im Gemüt. Deshalb versuchen wir bis an unser Lebensende, die Erwartungen der andern zu erfüllen.
- Die Hölle ist dazu da, dass wir durch sie hindurchgehen und nicht dazu, dass wir Wachposten drumherum aufstellen.
- Im Innersten zustimmen, dass es so gehen musste, wie es ging, heißt verzeihen und vergeben. Wenn ich nicht zustimme, bleibe ich hängen. Wenn ich zustimme, werde ich frei für etwas Neues.
- Wer sich nicht aus dem Weg geht, hat sich schon halb besiegt.
- Das Ungerechte löst sich nicht von selber auf, wenn wir es nicht tun.
- Sich für sich selbst zu engagieren heißt, sich von der Kindrolle zu emanzipieren.

- Wenn ich eine Weile über die Schmerzgrenze hinaus in einer Partnerschaft geblieben bin, kann ich mir immerhin sagen: »Wenigstens bin ich nicht noch länger geblieben.« Es gilt, nicht der Treuevorstellung gehorsam zu sein, sondern dem Leben. Jede Vorstellung, der ich unbedingt entsprechen möchte, ist eine Fessel.
- Versprechen andern und sich selbst gegenüber müssen nicht gehalten werden; sie dürfen aber auch nicht einfach untergehen. Es gibt Situationen, in denen es gesünder und realistischer ist, sich umzuentscheiden.
- Wenn Schuldgefühle sich breiter machen, als es sachlicher Realität entspricht, bin ich im Griff meiner Muster.

Koan
Zu allem gestanden – wo ist die Schuld?

> Wir sind nicht menschliche Wesen, die eine spirituelle Erfahrung machen. Wir sind spirituelle Wesen, die eine menschliche Erfahrung machen.
>
> Pierre Teilhard de Chardin

Selbst-Erfahrung

Im Gegensatz zur egozentrischen Perspektive (☞ Seite 67) sei hier unter »Selbsterfahrung« eine kolossale Erweiterung des Blickwinkels bzw. im Extrem sogar die Aufhebung von Blickwinkeligkeit zu verstehen. Zur Illustration folgen zwei Textauszüge, die versuchen, die Wahrnehmungs- und Erlebensweitung in Worte zu fassen.
Hugo von Hofmannsthal schreibt in einem Brief: »Um mich kurz zu fassen: Mir erschien damals in einer Art von andauernder Trunkenheit das ganze Dasein als eine große Einheit: Geistige und körperliche Welt schien mir keinen Gegensatz zu bilden, ebenso wenig höfisches und tierisches Wesen,

Kunst und Unkunst, Einsamkeit und Gesellschaft; in allem fühlte ich Natur, in den Verirrungen des Wahnsinns ebensowohl wie in den äußersten Verfeinerungen eines spanischen Zeremoniells; in den Tölpelhaftigkeiten junger Bauern nicht minder als in den süßesten Allegorien; und in aller Natur fühlte ich mich selber; wenn ich auf meiner Jagdhütte die schäumende laue Milch in mich hineintrank, die ein struppiges Mensch einer schönen, sanftäugigen Kuh aus dem Euter in einen Holzeimer niedermolk, so war mir das nichts anderes, als wenn ich, in der dem Fenster eingebauten Bank meines Studio sitzend, aus dem Folianten süße und schäumende Nahrung des Geistes in mich sog. Das eine war wie das andere; keines gab dem andern weder an traumhafter überirdischer Natur noch an leiblicher Gewalt nach, und so ging's fort durch die ganze Breite des Lebens, rechter und linker Hand; überall war ich mitten drinnen, wurde nie ein Scheinhaftes gewahr: Oder es ahnte mir, alles wäre Gleichnis und jede Kreatur ein Schlüssel der andern ...«[23]

Hier noch ein Erlebnis, von dem Ralph Waldo Emerson berichtet: »Die Wahrheit zu sagen, wenige Erwachsene können die Natur sehen. Die meisten Menschen sehen die Sonne nicht. Zumindest ist es ein sehr oberflächliches Sehen ... Beim Überqueren eines kahlen Grundstücks, im Schneematsch, in der Dämmerung, unter bewölktem Himmel, und ohne daß irgendein besonderer Glücksfall mein Denken beschäftigte, habe ich vollkommene Heiterkeit erfahren. Freude, daß ich mich beinah schon fürchtete. In diesen Pflanzungen Gottes herrschen Anmut und Heiligkeit, ein immerwährendes Fest ist ausgerichtet, und der Gast wüßte nicht, wie er dessen in tausend Jahren müde werden sollte. In den Wäldern kehren wir zu Vernunft und Glauben zurück. Dort fühle ich, daß nichts mir im Leben widerfahren kann – keine Schande, kein Unheil –, was die Natur nicht wiedergutzumachen vermöchte. Auf dem nackten Erdboden stehend – mein Kopf von der linden Luft umfächelt, emporgehoben in den unendlichen Raum –, schwindet alle kleinliche Sehnsucht. Ich werde ein durchsichtiger Augapfel. Ich bin nichts. Ich sehe

alles. Die Ströme des Universalen Seins nehmen ihre Bahn durch mich. Ich bin Wesensbestandteil Gottes.«[24]
In der Selbsterfahrung[25] ist unser Kopf plötzlich frei. Aufgrund eines Wunders, Zufalls, Geschenks, Entwicklungsschubs, einer Gnade oder was auch immer sind wir aus unserem Psychoknast befreit. Nach Albert Einstein ist es unsere Aufgabe, uns aus diesem Gefängnis zu befreien. Er schreibt: »Ein menschliches Wesen ist ein Teil des Ganzen, das wir Universum nennen, ein in Raum und Zeit begrenzter Teil. Es erfährt sich selbst, seine Gedanken und Gefühle als etwas von allen andern Getrenntes – eine Art optische Täuschung seines Bewußtseins. Diese Täuschung ist für uns eine Art Gefängnis, das uns auf unser persönliches Verlangen und unsere Zuneigung für einige wenige uns nahestehende Personen beschränkt. Unsere Aufgabe muß es sein, uns aus diesem Gefängnis zu befreien.«[26]
Ist es nicht spannend, dass sich hinter unserem ganz alltäglichen Bedürfnis, einfach mal den Kopf frei zu haben, psychophilosophische Welten erheblichen Ausmaßes auftun?
Ken Wilber sortiert so schön die Bewusstseinsebenen.[27] Die letzte und höchste Ebene nennt er die alles umfassende »Geist-Ebene«. Auf dieser Ebene ist totales, ungeteiltes Bewusstsein, Einssein. Die Ebenen vor dieser letzten Ebene kennzeichnet eine immer mehr zunehmende Wahrnehmungsabspaltung oder Bewusstseinsreduktion. Die erste Abspaltung vor der Geistebene spaltet das Erlebensfeld in Organismus und Umwelt. Der Organismus teilt sich dann im weiteren Reduktionsschritt in Körper und Psyche, die Psyche spaltet sich nochmals in Persona und Schatten. Kurz vor der Geistebene geben sich Ken Wilber und Heidegger die Hand und sagen, wenn der Baum nur noch der Baum ist, der vor mir steht, der vor mich hingestellte Baum, nicht mehr der vorgestellte Baum, dann ist kein Gedanke mehr zwischen mir und dem Baum, sondern pures, landkartenfreies Vor-mir-stehen-Lassen. In dieser Erfahrung hat der Baum endlich seinen Platz. Nur wenn ich dem Baum den Platz lassen kann, habe auch ich meinen Platz. In dieser Erfahrung ist unendlicher Friede. Der

Baum ist da, die Berge sind da, ich bin da. Alles ist an seinem Platz. Raus aus allen Spaltungen, aus allen Zweifeln. Zweifeln bedeutet, dass sich Vorgestelltes als Gedachtes zwischen Wahrgenommenes und Wahrnehmenden schiebt.

Meine Hauptwahrnehmung bei einem besonders intensiven Naturerleben war, dass es immer nur darum geht, dass alles am richtigen Ort steht. Der richtige Ort ist der jeweils eigene Ort. Das ist auch das Großartige bei der systemischen Familientherapie, weil es bei dieser Methode darum geht, für jeden den richtigen Platz zu finden. Wenn jeder seinen Platz einnähme, gäbe es auch keine Kriege mehr. Aller Hass ist in dem Sinne nichts anderes als Liebe, die noch nicht am richtigen Ort ist. Der ganze Schmerz und alle Jammerei sind nur Rufe, etwas an den richtigen Ort zu bringen. Projektion passiert nur, solange etwas nicht am richtigen Ort ist. Die Unzufriedenheit, die uns leitet, und die Sehnsucht, die uns zieht, können wir als Zeichen dafür verstehen, dass in Wirklichkeit natürlich alles längst am richtigen Ort ist. Aber dieser richtige Ort ist meistens emotional noch nicht bei uns angekommen.

Wenn wirklich alles am richtigen, naturgemäßen, ursprünglichen Ort ist, dann ist alles integriert. In Anlehnung an Wilber: Unser Schatten ist dann belichtet und integriert und unser Körper in eine psychosomatische Einheit zurückgeführt, so dass unser Organismus im nächsten Integrationsschritt mit der Umwelt eins werden kann.

Aufbruchsfragen
- Was könnte ich tun, um diesem und jenem oder gar mir selbst einen richtigeren Platz zu geben?
- Wann könnte ich einfach mal gar nichts tun?
- Wie fröhlich ist die Beziehung zu meinem Körper?
- Wie verhielte ich mich, wenn ich ein ausgekochter Unsympath wäre? (Schatten lässt grüßen.)

Phantasie-Ausbruch
Die allerletzte Wahrheit über mich.

Impulse, Sinniges und Unsinniges
- Spontaneität bringt uns mehr in die Nähe des Seins als das Durchziehen von Geplantem.
- Erfüllung der Sehnsucht ist, überhaupt Sehnsucht zu haben.
- Das Wunder kann in einer Sekunde geschehen. Aber es kann verdammt lange dauern, bis es zu dieser Sekunde kommt.
- Beten mit Text ist immer Wenden-nach-Draußen. Beten an sich heißt, vom Text runterzupurzeln in sich hinein.
- Zur eigenen Wahrheit zu finden, ist durch nichts zu ersetzen.
- In der Verliebtheit kann Tod belanglos werden. Ich bin »unsterblich« verliebt. Verliebtheit ist ein Vorgeschmack auf die wirkliche, echte Egoüberwindung.
- Hinter den eigenen Gedanken ist das Bessere und nicht das Nichts.
- Lachen ist eine Minimalausgabe von Erleuchtung.
- Erst wenn der Verstand seinen Aufpasser wegschickt, ist Selbsterfahrung möglich.
- Wenn ich es schaffe, mich der Sprache mir selbst gegenüber zu enthalten, bin ich meiner Realität näher.
- Es ist ein Unterschied, ob das Ego flattert oder das Selbst jubelt.
- Ich will mich nicht von Gott retten lassen, ich will mit Gott tanzen.
- Nur das Wissen, das ich bin, befreit, nicht das Wissen, das ich habe.
- Tiefes Denken ist haltloses Denken. Wenn ich tief denke, muss ich jede Kontrolle aufgeben.

Koan
Ist da eine Richtung zwischen Unter- und Überforderung?

> Manche warten auf »rotes Licht«, um nicht auf die andere Seite zu müssen.
>
> STANISLAW JERZY LEC

Sicherheit

Die Existenz muss gesichert werden! Luise wundert sich, denn die Existenz ist, solange sie ist. Sie scheint sicher zu sein. Weshalb also Sicheres sichern? Trotzdem muss sie gesichert werden. Vielleicht ist sie noch mehr als Gesicherte.

Oder ist sie das Unsicherste? Vielleicht müssen wir Korsettstangen in sie einbauen, damit sie nicht zusammenbricht. Wir geben ihr so die Kraft, stark zu sein. Haben wir die Existenz oder hat die Existenz uns? Wie können wir sichern, was uns hat? Anton erklärt es Luise: »Die Existenz sichern wir, indem wir genug haben und es schützen.« Als Beweis führt er die Existenzängste an, welche klar und eindeutig gebieten, sich eine sichere Existenz zu sichern. Luise versteht es anders. Sie sagt: »Vielleicht fordern uns die Existenzängste in Wirklichkeit auf, uns vor der Existenz zu sichern, damit wir nicht in ihr – womöglich glücklich – verloren gehen.« Anton findet Luise hoffnungslos unrealistisch.

Lösungsfragen
- Fühle ich mich sicher in meinen Lebensumständen?
- Wie müsste ich sie ändern, um mich sicherer und zufriedener zu fühlen?
- Genieße ich, was ich habe und bin?
- Auf welche Sicherheiten könnte ich verzichten?

Phantasie-Ausbruch
Mein grandioser Neuanfang.

Impulse, Sinniges und Unsinniges
- In die Vollherzigkeit ist jede Sicherheit eingebaut. Sich vor hundert Leuten fröhlich blamieren, das ist Vollherzigkeit. Bei allem, was unterhalb der Vollherzigkeitsschwelle geschieht, sind Schattenanteile im Spiel.
- Den Kindrollenspieler motiviert die Sicherheit. Den Elternrollenspieler die Kontrolle.
- Versicherungsanstalten sind Angstproduktionsanstalten.
- Das Sicherste ist, ohne Sicherheit zu leben.
- Das Leben ist eine haltlose Angelegenheit.
- Im lauen Nichts können wir Ewigkeiten zubringen.
- Die Ehe ist wie eine stabile Tüte, die Halt suggeriert. Es ist eine schmerzliche Erfahrung, wenn die Tüte platzt. Es wirft uns in die Eigentlichkeit.
- Ich lebe prophylaktisch, dann kann nichts passieren, auch keine Entwicklung.
- Es ist leichter, mutig zu sein, wenn bereits alles verloren ist.
- Meinungen sind die kleinen Geschwister vom Fanatismus.
- In dem Moment, wo die Spontaneität hin ist, ist die Knasttür wieder zu.
- Krisen werfen uns radikal auf die Sinnfrage.
- Charakter schwächt und engt ein, weil ich nach seinem Bild leben muss.
- Wer mutig ist, bekommt Rückenwind.

Koan
Wer bin ich ohne meine Existenz?

> Auch solche Schreie gibt es, ich wette:
> »Rette mich vor dem Retter, rette.«
>
> STANISLAW JERZY LEC

Therapie

Therapie ist entspannen und dranbleiben. Also dranbleiben an sich, am Prozess, am Erleben, an der Veränderung und besonders an der Entspannung. Und *entspannt* dranbleiben! Verweilen in der Entspannung des Dranbleibens! Sich selbst Zeit lassen für das, woran dranzubleiben sich lohnt; das Lohnende vom nicht Lohnenden unterscheiden! Das Lohnende schließt Entspannung ein. Entspannung schließt Tempo nicht aus. Dranbleiben ohne Entspannung ist Druck, ist Stress, ist Anstrengung, ist Vergewaltigung. Entspannung ohne Dranbleiben ist eine Form von Trägheit und fördert somit potenziell den Wiederholungszwang. Entspanntes Dranbleiben ist auch wie bewusste Wachheit ohne die Zerstreuung durch Einzelgedanken. Dranbleibende Entspannung ist nicht festgelegte Intelligenz, ist Lebenswille, ist Bereitschaft für Neues, ist Offenheit für Fülle. Dranbleiben ohne Entspannung ist so untherapeutisch wie Entspannung ohne Dranbleiben.

Lösungsfragen
- Was wäre Entspannung ohne Bleibe und was Entspannung ohne Dran?
- Und was wäre Therapie ohne Entspannung? Und was ohne Dranbleiben?
- Bliebe von Therapie noch etwas übrig ohne Entspannung und Dranbleiben?

Phantasie-Ausbruch
Meine therapiefreie Therapie.

☺ *Wie Sie als Helfer Misserfolg und Ineffizienz steigern können*
- Bauen Sie als Erstes ein Gefälle zwischen sich und der hilfsbedürftigen Person auf.

- Konzentrieren Sie sich besonders auf die Schwächen und das Scheitern des andern.
- Sehr nützlich ist ebenfalls, grundsätzlich gegenzusteuern, denn das hat Ihr Opfer bereits selbst ohne Erfolg probiert.
- Ziel ist natürlich, dass der Hilfesuchende nicht in die Kraft kommt. Das würde Sie überflüssig machen!
- Erschlagen Sie Ihr Gegenüber mit halb reflektierten Theorien über seine Person; so erweisen Sie sich als Besserwisser!
- Machen Sie immer wieder deutlich, dass Sie selbst *keine* Probleme mit dem haben, was Ihr Opfer quält.

Impulse, Sinniges und Unsinniges
- Therapie: Ich bin konstruktiv mit dabei, wenn ein anderer sich heilt.
- Wie bringe ich den andern aus der Abwehr? Indem ich etwas ganz Unsinniges sage, ihn dazu bringe, über sich selbst zu lachen, Fragen stelle und mich auf das stürze, was geklappt hat.
- Je individueller jemand abgeholt wird, desto leichter kommt er in die eigene Kraft.
- Am Widerstand erkennen wir die Wahrheit. Gelobt sei der Widerstand!
- Effizient helfen heißt, den andern in die eigene Bewegung zu bringen.
- Authentizität heilt.
- Jedes Symptom besteht aus einem guten Grund. Deshalb ist es prima, den guten Grund rauszufinden, um ihm dann von einer andern Ecke her gerecht werden zu können.
- Ein Zwischenziel ist herauszufinden, wie der Einzelne sich zurechtbastelt, um sich nicht verändern zu müssen.
- Das ist am therapeutischsten, was am meisten Spielraum lässt und schafft.
- Verrückt werden wir nur durch das Nichtzulassen, niemals durch das Zulassen.
- Mit jeder Träne gehen Stresshormone ab.
- Gegenwartsschmerz ist auch eine Chance, Altlast rauszuschwemmen.

- In einem guten Gespräch führt der, der das Problem hat. Der andere folgt aktiv.
- Der ganze Sinn von Therapie ist, die Liebe wieder ins Fließen zu bringen.
- Viele Fragen stellen ist besser als tausend Antworten überzustülpen.
- Unterstützen, nicht eingreifen!

Koan
Benenne das, was therapiert, wenn es keinen Therapeuten und keine Therapeutin gibt!

> Ein Weiser ist derjenige, der allem zustimmt, weil er sich mit nichts identifiziert.
>
> E.M. Cioran

Tiefste Weisheiten

Tiefste Weisheiten entspringen dem vollen, schnörkelfreien Erfassen des Offensichtlichen. Vielleicht haben Sie Lust auf ein Weisheitsspiel? Das können Sie folgendermaßen durchführen. Setzen Sie sich mit einem Freund oder einer Freundin zusammen und kreuzen Sie zunächst alle Offensichtlichkeitsweisheiten an, denen Sie (eher) nicht zustimmen. Dann starten Sie ein Gespräch, in dem Sie darlegen und sogar mit Beispielen belegen, inwiefern die angekreuzten Aussagen ganz besonders Ihre tiefste Überzeugung widerspiegeln.
Sie werden feststellen, dass sich durch dieses Spiel Meinungen relativieren – was ein Riesenschritt in Richtung Weisheit ist. Sollten Sie feststellen, dass Sie allen Aussagen, sogar den einander widersprechenden, zustimmen können, dann sind Sie bereits weise und können eine entsprechende Medaille anfordern.

- Träume sind Flügel.
- Das Vertrauen ist das Amen im Gebet.
- Verwirrung ist Flexibilität der Position.
- Stress offenbart ein Freiheitsmanko.
- Das Leben ist spannender als Internet.
- Stress ist Pseudotempo.
- Wie du mir, so du dir.
- Ohne Kreuzigung keine Auferstehung.
- Eine gute Einfalt ist nicht dumm.
- Im Nichts ist Platz.
- Leben ohne sich geht nicht.
- Nicht sein Bestes zu geben, ist anstrengend.
- Das Leben im Fluss, nicht im Griff haben.
- Vertrauen ist die höchste Form von Kontrolle.
- Sinn ereignet sich, anstatt gemacht zu werden.
- Wir müssen den lieben Gott endlich erlösen. Das machen wir, indem wir unsere Selbstsabotage beenden, dann hat er freie Bahn.
- Wenn ich etwas Großes schaffen will, muss ich klein sein können.
- Wir können nicht in zwei Sprüngen über einen Abgrund springen.
- So wie sich der Parasit von der Stammpflanze ernährt, ernähren sich manche vom Drama.
- Wenn ich Schicksal duldsam annehme, verschwende ich es. Mit dem Kopf im Sand ist nämlich die Atmung vereitelt.
- Wer nicht richtig beerdigt ist, spukt noch rum.
- Wenn du den Kanal voll hast, kommt die Wende.
- Es ist auch eine Großzügigkeit, auf das Nirwana zu verzichten.
- Wenn wir voll leben, entsteht sehr viel Klarheit, nicht immer angenehm, aber verkürzend.
- Erwachsen werden heißt, darauf zu verzichten, vom andern verstanden zu werden.

Wem nie Flügel wuchsen, der weiß nicht was Luise allte.

- Wenn wir uns auf den Weg machen, verliert das Glück seine Gefahr.
- Eine Bekloppheit wirkt glaubwürdiger, wenn viele sie glauben.
- Der eigene Knast wird unsichtbar, wenn alle drinhocken.
- In der ersten Reihe des Lebens ist für alle Platz.
- Woran erkennen wir die Hölle? An den bekannten Gesichtern.
- Dieses jeweilige Leben kann uns keiner abnehmen.
- Die Metaebene ist besser als das Duell.
- Angriff ist die dümmste Verteidigung.
- Wir können selten ein neues Leben unter den alten Bedingungen anfangen.
- Eine Wunde heilt vom Rand her.
- Auch außerhalb der Ehe gibt es noch Welt.
- Wenn wir ganz zu Ende denken, stehen wir zum Glück wieder vor dem Geheimnis.
- Die besten Momente im Leben sind die kopflosen.
- Zufriedenheit ist, wenn wir zu uns selber sagen können: »Ich würde mit mir tauschen wollen.«
- Ein freier Kopf ist dynamisch bewegtes Chaos.
- Heimat ist, da nicht allein zu sein, wo wir am eigenen Gipfel sind.

Koan
Wo ist die Tiefe, wenn sie sich an allen Oberflächen ausbreitet?

> **Nichts ist so wohltuend wie das Bewußtsein einer endgültigen Niederlage.**
>
> MARGUERITE YOURCENAR

Trauern

Blüte des Trauerns

Er sei gestorben in der Nacht,
liege noch auf dem Totenbett.
Ich glaub es nicht.
Ging ihn zu sehen.
Er lag so stumm und still –
da riss mein Herz aus,
rannte zu ihm, aber
wusste nicht wo ...
liebte und brannte
rannte und rannte
liebte und fluchte
suchte
wo aber wo?
Lange schrie es,
weinte still
liebend
endlich
im Verbundensein.

Wenn ein geliebter Mensch stirbt, brauchen wir keine Lösungsfragen – sondern Erlösung. Manche Wunden heilt die Zeit nur, wenn wir ihr helfen durch Trauern, Lieben und das Zulassen der Liebe anderer.

Phantasie-Ausbruch
Meine rundesten Abschiede[28].

Impulse, Sinniges und Unsinniges
- Bei jeder Beerdigung ist der Verstand bei seiner Bankrotterklärung. Eine Beerdigung ist eine Grenzerfahrung.
- »Ruhet in Frieden« heißt »Seid nicht mehr verwickelt mit den Überlebenden.«
- Das Trauern können wir nicht konsequenzfrei auslassen. Trauern ist eine Fähigkeit, eine Mitgift der Natur. Ohne Trauer kein volles Leben. Trauern erleichtert.
- Beim Trauern sind wir ganz im Kontakt mit uns. Im Trauern versinkt die ganze Welt.
- Der Trauernde ist auf sich geworfen und allein mit sich übrig.
- Die Grabbesuche haben nur den Sinn, dass du ins Trauern kommst.
- Nicht ausgedrückte Trauer ist Selbstvergiftung.
- Trauer muss getrauert und nicht nur festgestellt werden.
- Trauer verbindet uns mit den eigenen Bedürfnissen.
- Manches muss wirklich innerlich vollzogen werden; zum Beispiel der Abschied von einer nicht wunschgemäßen Kindheit. Ohne Abschied bleiben wir ewig in einer sinnlosen Wartestation. Auf Vergangenes lässt sich nicht warten.
- Wichtig ist jedoch, sich nicht festzuweinen.
- »Hier ruhen die Eheleute.« – Wenn ich gut Abschied genommen habe, brauche ich nicht ins gemeinsame Grab.
- Abschied nehmen heißt, etwas mitnehmen und etwas zurücklassen. Beides gehört zusammen.
- Wenn etwas Endgültiges geschieht, dann muss die Seele mitziehen, sonst schwäche ich mich.
- Weinen macht unsere Kraft geschmeidiger.

Koan
Wo bin ich, wenn ich im Verlorenen verloren gehe?

> Man muss brutal sein, um sein Feingefühl durchzusetzen.
> STANISLAW JERZY LEC

Ungehorsam

Der heimtückische Gehorsam
Hedwig feiert mit kleinen Unkorrektheiten und Abnormitäten ihre Freiheit: Sie geht beispielsweise nachts, wenn keine Autos in Sicht- und Hörweite sind, bei Rot über die Straße – vorausgesetzt, niemand sieht sie. Oder neulich, da hat sie im Supermarkt ziemlich laut gesungen. Es kommt auch vor, dass sie im Nachthemd zur Mülltonne geht, was nicht weiter bemerkenswert wäre, wenn diese Tonne nicht in aller Öffentlichkeit vor ihrem Hause stünde!

Abgesehen von derartigen Eskapaden ist Hedwig durch und durch gehorsam. Ihr Gehorsam ist von einer ganz seltenen Art, und ich bin froh, eine persönliche Schilderung von ihr über die Innenansicht dieses Gehorsamsphänomens zu haben. Hier also Hedwigs Worte: »Wie tollkühn ich einem heimlichen Beobachter auch erscheinen mag, wenn ich zum Beispiel Blumen pflücke, die unter Naturschutz stehen, oder wenn ich mit dem Finger Herzchen in den feinen Schmutzfilm auf Autos male oder nachts in öffentlichen Parks Schneemänner baue – all diese Untaten haben nicht wirklich Besitz ergriffen von meiner Seele. Es ist vielmehr so, dass ich in meinem Privatleben einen unerschütterlichen Gehorsam habe. Ich will es Ihnen erklären. Gehorchen hat mit Hören, mit Hörigsein zu tun, und ich höre lückenlos auf alle Stimmungen mir nahe stehender Menschen. Wenn mein Hermann nach Hause kommt, höre ich bereits an der Art, wie er die Garagentür schließt und seinen Schlüssel dann ablegt, in welcher Verfassung er ist. Und sofort stellt sich alles in mir auf seine

Stimmung ein. Mein Kopf ist voll von dem, was ich meine, für ihn tun zu müssen. Ich könnte sagen, *mein gesamtes Verhalten gehorcht seiner Stimmung.* Ist er friedlich und entspannt, so bin ich's auch. Ist er gereizt, so springe ich in eine Alarmbereitschaft mit dem Ziel, ihn durch meine Anpassung, Unterordnung und Hörigkeit zu besänftigen. Mit Hermann habe ich leichtes Spiel, weil er recht bestimmend ist, weshalb ich nicht ständig tastend erraten muss, was er wünscht. Das ist das Gute an Männern: Sie sind so klar.

Ein Bekannter von uns, Theo, hat eine sehr launische Frau, deren Wechselhaftigkeit und mitunter sogar stille, fast vorwurfsvolle Depressivität eine viel größere Abtastfähigkeit erfordert. Da meine Mutter auch so eine Person ist wie Clodine (so heißt Theos Frau), habe ich natürlich keine Schwierigkeiten, mich restlos auf ihre Befindlichkeit einzustellen. Ich schlüpfe quasi in die andere hinein und weiß dann exakt, wie ich mich verhalten muss, um ihr Wohlbefinden zu steigern.

Mein Einfühlungsvermögen ist einfach großartig. Es gelingt mir tatsächlich, meine Lieben zu befrieden. So bin auch ich glücklich. Schade und mir gänzlich unverständlich ist einzig und allein, dass ich kräftemäßig immer wieder am Anschlag bin. Komisch, nicht wahr?«

Soweit Hedwigs Schilderung. Als Nachtrag mag noch interessant sein, dass man ihr unlängst die Goldmedaille für bestes Springen im Sechseck verlieh. Das machte sie nachdenklich, und sie beschloss, ihre Sportart, das Sechseckspringen, aufzugeben, sich ein gemütlicheres Leben zu machen und die andern einfach sich selbst zu überlassen.

Phantasie-Ausbruch
Meine freundlichen Frechheiten.

Schritte zum Ungehorsam
1. Kleine »Übertretungen« riskieren.
2. Sich das Recht auf das eigene Leben bewusst machen und in einen charmanten, freundlichen Ungehorsam hineinwachsen. Ungehorsam sein heißt nicht automatisch, den andern verletzen.
3. Ich benutze folgende Liste, um herauszufinden und festzulegen, wie ich aus unangenehmen Situationen herauskomme:

- Ich nehme jedes gravierende, miese Gefühl seelisch wie körperlich gut wahr und notiere es.
  _____
  _____
  _____

- Ich erspüre genau, wodurch es ausgelöst wurde. Die Auslöser sind:
  _____
  _____
  _____

- Als nächstes denke ich mir Handlungskonsequenzen zur Entschärfung der Auslöser aus. Diese erfordern oft Ungehorsam oder Sprünge über den eigenen Schatten.
  _____
  _____
  _____

- Ich notiere das sich ergebende neue Gefühl und feiere es. Bei Teil- oder Misserfolg peile ich einen nächsten Gang durch diese Liste an.
  _____
  _____
  _____

Impulse, Sinniges und Unsinniges
- Wenn ich mir selbst gegenüber nicht gehorsam bin, will mich das Leben korrigieren.
- Der einzig legitime Gehorsam: auf sich hören und aktiv werden.
- Zur Genesung muss ich gerade das machen, was mir meine Eltern verboten haben. Im Ungehorsam wird integriert statt abgespalten. Im Trotz spalte ich genauso ab wie in der Anpassung.
- Wehrhaft sein heißt auch, zu sich selber zu stehen.
- Durch die Hörigkeit mache ich den Meister zum Guru.
- »Du kannst deinen Segen stecken lassen, ich brauche ihn nicht für meine Befreiung.« Ungehorsam als Recht und nicht als etwas, das sich durch das Verbot pressen muss.
- Trotz ist eine gute Übergangsphase, aber als Endstation nicht geeignet.
- Ungehorsam als Kunst, nicht mehr als Antihandlung wie der Trotz, sondern als schlichtes Seinen-Weg-Gehen.
- Es geht darum, charmant, liebenswürdig oder liebreizend ungehorsam zu werden. Gute Einstiegshilfen sind: bewusst atmen in kritischen Situationen, bei sich bleiben, ins Lachen kommen.
- Ich bin ungehorsam aus Treue zu mir selbst.
- Befehlsempfänger übernehmen selten Verantwortung.
- Der gute Ungehorsam ist nicht gegen jemanden gerichtet, sondern nur für mich, und deshalb verletzt er nicht.
- Im gelungenen Ungehorsam bist du glücklich.

Koan
Wohin führen die Wege im Dickicht, die es nicht gibt?

> Leben Sie noch? Oder sind Sie schon tot?
> Ich weiß nicht. Ich warte aufs
> Angebot.
> STANISLAW JERZY LEC

Unglücksdünger

Auf der Suche nach dem Unglück
»Hier hab ich dir was mitgebracht«, sprach das Unglück. »Aha, was denn?« »Noch ein Unglück, ich komme nämlich selten allein.« »Und ich habe auch noch was mitgebracht«, sagte das mitgebrachte Unglück. »Und zwar?« »Wieder ein Unglück, noch eins, ich komme auch nie allein.« »Und ich«, setzte das Mitgebrachte vom mitgebrachten Unglück fort, »habe auch wieder eins mitgebracht.« »Und ich auch und ich auch und ich auch und ich auch und ich auch ...«, hallte es bis in alle Ewigkeit. Ja, das Leben ist kuschelig berechenbar. Welch eine Geborgenheit! Insofern gestaltet sich die Suche nach dem Unglück meist gar nicht so schwierig.
Es besteht grundsätzlich aus zwei Komponenten: zum einen irgendwelche Ereignisse – und davon gibt's überall und immer genug –, zum andern unsere Reaktionen auf diese Ereignisse. Je besser es uns gelingt, unsere Reaktionen in einer trüben Färbung zu halten, umso stabiler ist unser Unglück. Es ist wie mit einem Zweikomponentenkleber: Wir müssen die beiden Komponenten einfach zusammenbringen, und die Sache hält wie die Pest. Hier leuchtet die einzige Schwachstelle im Suchsystem auf: Wer nämlich eher heiteren Gemüts ist, wird mit dem Unglück nicht viel Glück haben. Wenn wir uns das Unglück sichern wollen, so müssen wir halt irgendwie daran arbeiten, unsere Heiterkeit zu untergraben.

☺ *Hierzu einige Tipps:*
- Wenn etwas schief geht, es sofort auf die eigene Unfähigkeit beziehen, anstatt einfach an Pech zu denken.
- Bei glücklicheren Fügungen sofort daran denken, dass das noch Bessere versagt blieb.

- Möglichst immer das Schlimmste erwarten.
- Überall die Konzentration auf das Negative richten; zum Beispiel bei der leckersten Suppe sofort das Haar suchen. Sollte es kein Haar geben, dann muss es sich eingebildet werden.
- Jede üble Laune anderer sofort persönlich nehmen. Überhaupt sind wir bestens bedient, wenn wir alles Unliebsame – sogar einen Verkehrsstau – persönlich nehmen.
- Ferner ist es wichtig, jede negative Deutung für bare Münze zu nehmen und entsprechend zu handeln.
- Auch auf der äußerlichen Ebene lässt sich einiges einüben: Mundwinkel runter, zusammengesackte Körperhaltung, flache Atmung, langsam schlurfender Gang, verschlossener Blick u.ä.
- Da es bekanntlich aus dem Wald herausschallt, wie wir hineintönen, ist eine misstrauische, skeptische, kritisierende Grundhaltung andern gegenüber bei der Unglücksförderung sehr nützlich.

Diese Tipps ließen sich uferlos fortsetzen, zumal wir sehr nützliche Konsumgüter haben, die uns wunderbar unterstützen können. Ich wünsche Ihnen keinen Erfolg!

Phantasie-Ausbruch
Meine außerordentliche Unglücksfähigkeit (oder Glücksfähigkeit).

Impulse, Sinniges und Unsinniges
- Mit dem eigenen Seelenmist keine Freundschaften verheizen.
- Es gibt nichts Sackgassigeres als beim Recht haben gewinnen.
- Abwehrmechanismen sind immer Lebensprogrammstabilisatoren und Glücksverhinderer.
- »Ich bin erst glücklich, wenn ich ganzjährig in der Hollywoodschaukel liege und meine Kinder mir Blüten ins Haar legen.« Und so lag ich Jahr für Jahr und faulte dem Grab entgegen.
- Das Unglück besteht zu 80 Prozent aus emotionalem Aufwand.
- Wir fallen pausenlos auf uns herein.

- Wenn ich mich sorge, gerate ich in einen Stau.
- Wenn ich nicht die Verantwortung übernehme, dann werde ich vorwurfsvoll und bremse im Angesicht des Glücks mit der Moralmiene.
- Ablenken ist wichtig. Sonst würden wir ja ins Glück geraten!
- Resignieren ist noch dümmer als auf die Palme steigen. Resigniert haben heißt, die Sache nicht erledigt haben.
- Indem ich mich bemühe, gegen das Unheil anzugehen, provoziere ich es.
- Pseudoharmonie ist für manche leichter zu ertragen als echtes Glück.
- Unser natürlicher Zustand ist, glücklich zu sein. Um aus dem natürlichen Zustand rauszukommen, braucht es Kraft.
- Aus Drama kommt nie eine gute Erkenntnis, nur eine Verschärfung der Situation.
- Manches Vorgreifen ist eine Art Fehlgreifen.

Koan
Meine Persönlichkeit minus mein Abwehrbündel ist gleich ...?

> ... vielleicht bin ich nicht ich auch wenn mein kleiner Hund mich kennt aber jedenfalls habe ich gern was ich habe und jetzt ist heute.
>
> GERTRUDE STEIN

Vereinfachung

Alles könnte viel einfacher sein, wenn wir neue Blickwinkel riskierten und ein neues Vertrauen entwickelten. Wenn sich nämlich Kontrolle und Vertrauen die Hand geben und aus dem blinden Vertrauen ein waches wird, dann läuft unser Leben viel leichter. In einem derartigen Vertrauen tanzen wir mit unseren besten Möglichkeiten im gleichen Rhythmus, weil weder Widerstände noch Gedanken sich störend einmi-

schen. Alles gelingt dann wie von selbst, wie am Schnürchen. Es ist wie an Tagen, von denen wir sagen, wir seien mit dem richtigen Fuß zuerst aufgestanden. Die höchste Kontrolle, die in diesem wachen Vertrauen liegt, ist weniger persönlich-individuell, sondern kommt eher aus der Geschmeidigkeit des Ganzen. Wenn wir gut im Nicht-mehr-Machen sind, kann alles so nahtlos und perfekt ineinander fließen, wie wir es durch das Selbermachen nie schaffen könnten.

Aufbruchsfragen
- Wie bin ich an Tagen, an denen alles glatt läuft? Wie erreiche ich, dass solche Tage mir zu Leitsternen werden?
- Wie kompliziere ich mein Leben?
- Wie bringe ich Drama rein?
- Wie könnte ich beides lassen? Durch noch Interessanteres ersetzen?

Phantasie-Ausbruch
Meine schönsten Bekloppheiten.

Impulse, Sinniges und Unsinniges
- Am emotionalen Aufwand merken wir, dass wir Energie in die Problemerhaltung stecken.
- Den Neurotiker erkennen wir an der Anstrengung. Den Kairotiker erkennen wir am Spiel. Für ihn wird die Zeit zu einer Serie von gelingenden Augenblicken, eben zum Kairos.
- Am Blickwinkel klemmt sich die Kompliziertheit fest.
- Wir können auch mit uns selber kurzen Prozess machen.
- Wie lebte ich, wenn ich mit dem Verändern aufhörte?
- Richtiges Nichts-mehr-Machen ist etwas anderes als Aushalten.
- Wir können nichts aus uns machen, weil wir schon alles sind.

- Den Pflichtbereich abstecken macht den Nichtpflichtbereich sichtbar.
- Raus aus dem Gewordensein, rein ins Sein.
- In ein echtes Wollen stecke ich keine Energie mehr. Es *ist* meine Energie.
- Wir unterscheiden zwischen Resignation und konstruktiver Kapitulation.
- Probleme müssen gelöst, nicht ewig beredet werden.
- Im aktuellen Tun geht's oft leichter als in der Qual des Denkens vor der Tat.
- Manchmal ist der Umweg eine Abkürzung.
- Wenn wir die Grundbereitschaft haben, uns zu blamieren, ist das Leben um Klassen einfacher.

☺ *Rezept zur Verschwerung*
Warum sich's einfach machen, wenn's auch schwer geht? Wer seine Verschwerung produktiv vorantreiben möchte, wird dankbar sein für das folgende Rezept.
Man nehme: Vorstellungen – Glaube – Scheuklappen.
Die Zubereitung ist ganz einfach. Man gibt zunächst die Vorstellungen in einen Topf (Kopf) und rührt sie so lange, bis sie zu steifen Vorurteilen geworden sind. Dann wird noch eine Prise Glauben hinzugefügt und alles bei 200 Grad im vorgeheizten Ofen gebacken. Wenn die Masse steinhart ist, kann sie herausgenommen werden. Sie ist jetzt in einem ungenießbaren Zustand und sollte deshalb mit Scheuklappen serviert werden. Guten Appetit!

Koan
Wo ist es, wenn es keinen Weg dorthin gibt?

> Das ist das Schlimmste mit der Zerstreuung.
> Zerstreuung lenkt das Bewußtsein
> vom Vergehen der Zeit ab.
>
> GERTRUDE STEIN

Vergänglichkeit und Tod

Sterben heißt, der Schwerkraft endgültig erliegen. Das impliziert:
- Je weniger ich von der Schwerkraft – in jedweder Hinsicht – in Beschlag genommen bin, umso lebendiger bin ich.
- Alles, was mich runterzieht, bringt mich in größere Todesnähe.
- Alles, was mich erhebt, bringt mich in größere Lebensnähe.
- Von der Gewissheit der Unsterblichkeit sprechen alle, die eine absolute Nähe zum Sein erfahren haben ...

Phantasie-Ausbruch
Wie ich mir mein postmortales Leben wünsche.

Impulse, Sinniges und Unsinniges
- Alles zerfällt, alles zerbröselt – dann wird es sinnvoll.
- Heute gestorben an den Folgen von übermorgen.
- Im Eigentlichen verliert der Tod seinen Stachel.
- »Wann wurden Sie mutig?« »Kurz vor dem Tod.«
- Im Angesicht des Todes kommt sofort Lebendigkeit auf.
- Die entscheidende Frage: Gibt es ein Leben vor dem Tod?
- In meinem letzten Willen steht geschrieben: »Kommt alle in Rot.«
- Das unweigerliche Ende wird nur dadurch zum Berg, dass wir es nicht wollen.
- »Ich habe chronisch gelebt!« Stellt euch vor, das sei euer letzter Satz.

Um die Angst vor dem Tod zu verlieren, müssen wir das Leben riskieren.

- Verantwortung als Kraftbringer, als Realisation von Sterblichkeit.
- Wir sind so massiv sterblich, dass wir uns manches nicht leisten können.
- Unglück entsteht, wenn wir nicht wollen, dass etwas vorbei ist. Wenn wir mit der Veränderung mitgehen, dann ist es gar nicht so schlimm.
- Wenn wir auf dem Brett des Lebens keine Schachfigur mehr sind, sondern Schachspieler, dann ist die Angst vor dem Tod erledigt.
- Leben und Tod sind keine Gegensätze. Ego und Tod sind Gegensätze.
- Für den auf Selbstschutz ausgerichteten Verstand ist der Tod eine maximale Beleidigung.
- Alles kommt und geht. Zum Schluss gehen wir selbst. Wenn wir sterben, verlieren wir das ganze Set mit einem Schlag: vom Rasenmäher bis zur Lieblingstasse, alles futsch.

Koan
Was bleibt, wenn nichts mehr bleibt?

> Das Leben befaßt sich mit der Selbsterhaltung und der Selbstüberwindung. Wenn es sich nur selber erhält, dann ist das Leben nur Nicht-Sterben. — SIMONE DE BEAUVOIR

Wachstum

Was ich glaube, spüre und weiß, ist innerhalb der Grenzen meines jeweiligen Bewusstseins. Manchmal erweitert sich das Ausmaß meines Bewusstseins, und dann fällt Licht in Bereiche, die vorher im Dunkeln waren. Und dann weiß, spüre und glaube ich dieselbe Sache, nur in einem größeren Ausmaß. Die Worte, mit denen das umfassendere Wissen zum

Ausdruck gebracht wird, können genau dieselben sein, wie die Worte, die das geringere Ausmaß beschrieben haben. Das bedeutet freilich, dass wir nie wissen, wie viel Tiefe und Breite des Verstehens sich hinter einer Formulierung tatsächlich verbergen. Sagt Anton zum Beispiel, er wisse und glaube, dass Luise ihn liebe, so spricht er diese Worte im Rahmen seines jeweiligen Liebesbegreifvermögens. Und eines Tages, plötzlich, in einer süßen Stunde des Glücks, begreift er Luises Liebe viel tiefer als je zuvor und formuliert nach diesem Wachstumsschub vielleicht wieder, dass er wisse und glaube, dass sie ihn liebe. Also gleicher Text zu anderem Verstehen. Hinter Antons Formulierung verbirgt sich nach jener süßen Stunde eine interne Grenzsprengung, die in seinen Worten nicht sichtbar wird.

Der Radius des Verstehens korreliert immer mit den eigenen Wahrnehmungs-, Denk- und Bewusstseinsgrenzen. Der jeweilige Text macht diese Grenzen nur eingeschränkt sichtbar, was im Kommunikationsprozess gravierend ist. Denn jeder versteht den Text des andern wiederum im Rahmen des eigenen Vorverständnisses. Kommunikation gelänge hundertprozentig, wenn sich die Sprecher zunächst in den jeweiligen Versteh- und Bewusstseinsradius ihres Gegenübers hineinzoomen könnten, um dann jedes Wort exakt vor dem Hintergrund zu erfahren, dem es auch entspricht.

Aufbruchsfragen
- In welcher Hinsicht möchte ich Wachstum riskieren?
- Welche Unternehmung würde mich über meinen Schatten ziehen?
- Wie wäre es, wenn ich experimenthalber Einstellungen verträte, die ich gar nicht habe?
- Wie lebte ich, wenn mir die ganze Welt gehörte?
- Was verstehe ich unter »menschlicher Größe«?

Phantasie-Ausbruch
Darüberhinausgeflügelt.

Impulse, Sinniges und Unsinniges
- Der heilige letzte Tropfen gibt die Entschlusskraft, und diese bringt auch die äußere Veränderung.
- Eine eindeutige Grundentscheidung erspart manches Handeln.
- Das Wachstum will nicht aufhören.
- In jeder Weichenstellung liegen ungeheuer viele Möglichkeiten.
- Ich gehe ans Ende meiner Kraft. Der Rest ist Gnade.
- Entwicklung hat nichts mit Stress zu tun. Im Gegenteil! Entwicklung heißt, ich lasse den Stress der Abwehr fallen.
- Vor dem Zustand dauerhafter Glückseligkeit ist unsere Entwicklung nicht abgeschlossen.
- Wir können nur wachsen, wenn wir nichts auslassen.
- Ohne Schmerzmittel und ohne Ablenkungsmedien wären wir gezwungen, anders an uns zu wachsen.
- Die Herausforderungen wachsen in dem Maße, in dem wir selber wachsen.
- Wachstum ist kein Sonntagsspaziergang und doch das höchste Fest.
- Lieber jetzt selbst etwas Kleines verändern, als auf die große Veränderung, die vielleicht kommen könnte, zu warten.
- Reibung führt zu Wachstum, Zerreibung zu Untergang.
- Jeder Schicksalsschlag lässt uns wacher werden.
- Wenn wir unsere Sackgassen wären, könnte es keine Evolution geben.
- Entwicklung und Befreiung durch permanente Selbstbildkorrektur, besser noch durch Selbstbildverlust.
- Unzufriedenheit ist der Treibstoff für Entwicklung, sowohl im Denken wie im Handeln.

Koan
Wer oder was verschwindet, wenn ich wachse?

> Nichts brauchte Verteidigung und wenn so hatte es keinen Sinn es zu verteidigen.
> GERTRUDE STEIN

Wiederholungsquatsch

Anton war fest entschlossen, seinem Leben eine neue Richtung zu geben. Er listete auf, was er zu ändern gedachte:

1. andere Menschen
2. eine neue Liebschaft
3. neue Gedanken
4. mehr Sport
5. mehr Obst
6. weniger Videos
7. häufigere Reisen
8. neue Interessen
9. weniger Kontakt mit Luise.

Er fing sofort mit der Umsetzung an. Aber alles war vergebens, weil er die falsche Liste gemacht hatte. Nach einigen Jahren verbesserte er sie:

1. Menschen anders sehen
2. neues Liebesverhalten
3. klarer und ruhiger denken
4. mehr Freude an körperlicher Bewegung
5. mehr Genuss beim Essen
6. bewusst ausgewählte Videos
7. andere Kulturen und Landschaften mehr auf sich wirken lassen

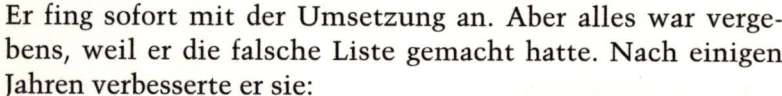

8. mehr Anteilnahme und Beteiligung bei allem, was er tut
9. wirklichen Kontakt mit Luise.

Und wieder begab er sich konsequent an die Umsetzung. Diesmal mit Erfolg! Er stellte fest, dass sich sein Leben in dem Maße änderte, wie er selbst sich änderte. Die Spielverderber des Glücks hatten keine Freude mehr an ihm.

Lösungsfragen
- Was wiederholt sich in meinem Leben, obwohl ich das nicht will?
- Wie könnte ich meine Reaktionen auf derartige Wiederholungen variieren? Wenn ich negative Gedanken und trübe Vorstellungen habe, dann kann ich ganz explizit auf diese mentalen Vorgänge reagieren, indem ich mit ihnen spreche wie mit einem Hund, der gerade etwas Ekliges ins Maul genommen hat. War der Gedanke zum Beispiel »Ach, was bin ich eine dumme Kuh!« oder »Gestalterisch hab ich einfach nix drauf!«, dann gehe ich mit einem energischen »Pfui! Aus!« in den Abstand und eröffne mir so zumindest die Möglichkeit neuer Sichtweisen. Und das ist oft der Auftakt zu neuen Verhaltensweisen.
- Was sind/waren Lieblingssätze oder Grundüberzeugungen meiner Eltern?
- Könnte es sein, dass unliebsame Wiederholungen in meinem Leben Ausgeburten dieser elterlichen Einstellung sind?
- Wenn ja, dann frage ich mich:
  wie sich ungünstige Glaubenssätze ins Gegenteil kehren und umformulieren lassen,
  mit welchen Handlungen ich die neuen Formulierungen bestätigen könnte.

Phantasie-Ausbruch
Meine ganz andere Identität.

Impulse, Sinniges und Unsinniges
- Alles, was mit »nie« und »immer« formuliert ist, ist gefährlich.
- Wenn ich den Fehler uferlos wiederhole, dann bleibt er.
- Das einzige Lebensdrama ist, dass sich der Kindheitsschrott hält, wenn wir nichts unternehmen. Unsere Macken haben wenig Realitätsgehalt, viel Schaum ohne Substanz.
- Bereinigtes Schicksal unterbricht den Wiederholungszwang.

- Entweder Schicksal hat sich gelohnt oder wird wiederholt.
- Es ist leichter, die Vergangenheit zu wiederholen, als die Zukunft völlig neu zu entwerfen.
- Wiederholung ist ein Reminder im Entwicklungstheater.
- Was auf der persönlichen Ebene die Verdrängung ist, ist auf der Sippenebene das Ausklammern. Wie beim Individuum, so gibt es auch in der Sippe einen Wiederholungszwang.
- Jeder Wiederholungszwang kann uns wecken oder aber auch verführen, in die gleiche Leiddrehe reinzugehen.
- Wiederkehrende Träume sind die Nachtversion des Wiederholungszwangs.
- Woran erkenne ich, dass eine Sache nicht erledigt ist? Daran, dass sie wiederkommt.
- Je weniger ich auf Schicksal antworte, umso unerbittlicher ist der Wiederholungszwang.
- Jeder steht in der Reaktionsmühle seiner ganzen Vergangenheitskiste.
- Leute, die von Partnerschaft zu Partnerschaft gehen, machen oft die Erfahrung, dass der Karren immer wieder im gleichen Dreck stecken bleibt.
- Wiederholungszwänge sind das perpetuum mobile unserer neurotischen Struktur.
- Wenn etwas querkommt im Leben, sind die folgenden beiden Punkte zu erwägen: Ist die Querkomme Hinweis oder Sabotage? Wenn sie einen Hinweis enthält und ich auf den Hinweis reagiere, dann ziehe ich einen Gewinn aus dem »Übel«, dann ist alles in Ordnung. Ist sie pure Sabotage, müsste ich eine grundlegende Veränderung in Erwägung ziehen.

Koan
Was passiert, wenn jahrelang nichts passiert?

> Wut ist unvermeidlich, wenn unser Leben aus Nachgiebigkeit und Anpassung besteht ...
>
> H. Goldhor Lerner

Wut und Ärger

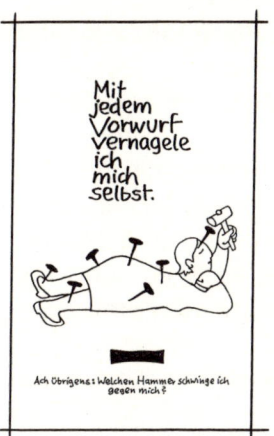

In der Wut wird das Arge noch ärger. Wenn wir nach außen wüten, ärgern wir andere, wüten wir nach innen, ärgern wir uns selbst. Gelöst wird im einen wie im andern Falle leider nichts. Bei der Außendrehung der Wut fließt der Groll der Angeschossenen in irgendeiner Form zum Wütenden zurück. Bei der Innendrehung landet die Wut sofort beim Wütenden, sei es als Ärger, Depression oder gar als autoaggressive Krankheit.

Wutausbrüche mögen zwar als Momentventil erleichtern, aber sie ersetzen nie die konstruktiven Schritte, die mutig getan werden müssten, um die Wut und Ärger auslösenden Blockaden des eigenen Willens wegzuschaffen.

Lösungsfragen

- Was blockiert mich immer wieder so sehr, dass ich mich ärgere oder wütend werde?
- Wie könnte ich meine Lebenssituation oder mich derart ändern, dass diese blockierenden Situationen mich nicht mehr packen können?
- Welche Angst lässt mich in der beklemmenden Situation aushalten?
- Ist der Gewinn, den mir diese Angst einbringt, wirklich berechtigt?
- Wie ließe sich der Gewinn auf anderem Weg ermöglichen?
- Wie oft habe ich mich schon über dieselbe Sache geärgert?

Phantasie-Ausbruch
Mein mutig gestaltetes Leben ...

Impulse, Sinniges und Unsinniges
- Für alle, die ihre Wut durch Rückzug stoppen wollen, gilt: Rückzug durch Vormarsch ersetzen.
- Hass ist chronifizierte Wut.
- Humor saugt den Ärger weg wie ein Klopfstaubsauger den Dreck.
- Wenn ich an meiner individuellen Grenze nicht risikobereit bin, dann werde ich wütend.
- Durchsetzung ist selbstverständliche Einbringung.
- Nägel kauen ist etwas Autoaggressives. Dann zerreiß lieber die Vorhänge!
- Rücksichtnahme löst genau die Spanne an Aggression aus, mit der sie vom natürlichen, das heißt dem alles umfangenden Kurs abweicht.
- Aggression und Kritiksucht sind sich verselbstständigt habende Irrläufer.
- Liebedienerische Eilfertigkeit macht den andern aggressiv.
- Je verhaltener A, umso aggressiver B.
- Es ist besser, das Eigene zu formulieren, als dem andern die Tür ins Gesicht zu schlagen.
- Ich kann nur brutal werden, wenn ich mich vorher nicht gelebt habe. Deshalb ist es besser, radikal zu werden als brutal. Radikal kann ich übersetzen mit »konsequent konstruktiv«.
- Handeln ist besser als schnauben.
- Das Monster in uns will, dass es nicht leicht geht.
- Jähzorn ist nicht gelingende Kommunikation. Jeder, der unbeherrscht rumschreit, sagt in ehrlichen Minuten: »Eigentlich will ich nicht schreien und mich im Zorn abnutzen.«

Koan
Was macht die Wut, wenn mein Geist ohne Irritation bleibt?

> Wer etwas entwickeln möchte, was er nicht kann, muß etwas tun, was er noch nie getan hat.
>
> Nossrat Peseschkian

Ziele

Wer sich keine Ziele setzt, wird mit Sicherheit auch keine erreichen. Und wenn sie gesetzt sind, dann besteht die große Kunst darin, zwischen Planung und Flexibilität den Gipfelweg des Möglichen zu finden. Für diejenigen, die diesen Weg zu anspruchsvoll finden, hier ein paar Tipps, mit denen sich das Erreichen von Zielen gut vermeiden lässt:

☺ *Schritte zum zielstrebigen Misserfolg*
- Stecken Sie Ihre Ziele einfach zu hoch. Das entmutigt garantiert.
- Achten Sie darauf, dass Ihre Ziele nicht zu grossartig sind, denn das könnte zu viel Begeisterung in Ihnen auslösen.
- Besser sind artige, etwas langweilige Ziele, denn sie motivieren nicht.
- Zielsetzungen unter Ihrem Niveau haben den Vorteil, dass Befriedigung vermieden wird.
- Speisen Sie Zielsetzungen aus Ihrem Pflichtgefühl, nicht aus lustbetonten Neigungen.
- Gehen Sie grundsätzlich davon aus, dass Sie Ihre Ziele nicht erreichen, dann werden Sie auch nicht enttäuscht.
- Wenn Sie erfolglos sein wollen, dann ist es wichtig, an jedem Ziel verbissen festzuhalten.
- Kultivieren Sie ein ausgeprägtes Problembewusstsein; es wird Ihnen helfen, überall nur die Schwierigkeiten zu sehen.

Phantasie-Ausbruch
Meine unbescheidensten Ziele.

Impulse, Sinniges und Unsinniges
- Das Ziel ist, so große Freude am Leben zu haben, dass dadurch alles wie von selbst geht.

- Das Ziel ist, aus dem ganzen Leben einen Urlaub zu machen.
- Ein Lebensziel könnte sein, sich selbst nicht langweilig zu werden.
- Aus nichts ein Ziel machen!
- Je bombastischer das Ziel, desto größer die Gefahr, dass es ein Ideal ist.
- Das Ziel ist, Partner nicht zu brauchen, sondern sie zu wollen.
- Wenn das Ziel keine Begeisterung mehr auslöst, bin ich auf dem Irrweg.
- Es geht um die Bereitschaft zum Versuch, nicht um den Erfolg.
- Aus dem Ziel ergibt sich oft die Methode der Durchführung.
- Sich bei Erreichen eines Zieles behäbig zu entspannen, ist eine Vorform von Sterben.
- Grenzen erreichen wir leichter als Ziele.
- Wir sollten Partnerschaften nutzen, um Projektionen zu erkennen, aber nicht, um Jahrzehnte daran zu arbeiten.
- Wer nicht weiß, wohin er will, darf sich nicht wundern, wenn er nicht ankommt.
- Wie können wir Sexualität in den Alltag bringen, ohne sie alltäglich zu machen?
- Ohne Bereitschaft zur Konsequenz kann niemals eine echte Entscheidung gefällt werden.

Koan
Alle Ziele erreicht. Welche Ankunft dann?

3. Weg:

Abstand statt Verwicklung

Wir überschreiten uns

> Das Interessanteste geschieht dann, wenn nichts geschieht.
>
> GERTRUDE STEIN

Bei unserem Bemühen, den äußeren und inneren Hirnplattenbeschmutzern zu Leibe zu rücken, haben wir uns inzwischen durch zwei Wege hindurchgewischt. Betreten wir den dritten Weg mit einer Formulierungsvariante des einen Gedankens, um den es hier geht:

> Entweder wir haben die Lebensumstände oder die Lebensumstände haben uns.

Wie grauenhaft unsere Situation auch sein mag, eine letzte Leuchtspur im Dickicht der miesesten Umstände bleibt uns, wenn wir uns nicht gänzlich packen lassen. Immer wieder

geht es darum, dass sich unser Bewusstsein oder unser Erleben zum Beispiel nicht auf die hängenden Mundwinkel unseres Partners reduziert. Mitfühlen, ja; einsteigen und sich runterziehen (lassen), nein! Also folgende Kunst ist gefragt: sich nicht von den Lebensumständen krallen zu lassen, sondern Abstand zu halten.

Gleich werde ich einen traditionellen Übungsweg vorstellen, der für die Befreiung aus unserem emotionalen Gedankengefängnis sehr förderlich ist. Er ist zum einen als *Langzeittraining* nützlich, kann aber auch blitzschnell zu durchdringenden Befreiungserlebnissen führen.
Zuvor jedoch betrachten wir einen ganz leicht installierbaren Puffer. Nehmen wir an, Ihr Chef hätte gerade zu Ihnen gesagt: »Sind Sie eigentlich blöd oder faul?« Oder Ihre Partnerin hätte mit einer Vorwurfstirade Ihren Fernsehfrieden zerstört oder Ihre Mutter wäre in die dritte Schmollrunde wegen disparater Weihnachtsfestgestaltungsvorstellungen gegangen ... oder was auch immer. In *dem* Augenblick droht unsere gesamte Lebensfreude zusammenzubrechen, wir sind in der Gefahr, blitzschnell einzusteigen. Gelassenheit ade! Jetzt, genau in der Sekunde, heißt's »Abstand schaffen«. Am leichtesten zunächst über den *Körper*. Mit den folgenden Punkten bauen wir einen rettenden Puffer auf:
1. Sofort tief durchatmen!
2. Eine gerade, aufrechte Haltung einnehmen; dabei die Schultern runter und zurück!
3. Füße fest und ganzflächig auf den Boden!
4. Blickkontakt mit dem »Kontrahenten« aufnehmen.
5. Und dann erstmal ein paar Sekunden nichts sagen und bewusst weiteratmen.

Das Abstandschaffen über den Körper ist doppelt nützlich: Zum einen, weil wir uns im kritischsten Augenblick *auf uns* besinnen und diese Besinnung gleichsam physisch manifestieren, zum andern, weil wir genau dadurch nicht passiv verwickelt werden, sondern durch unsere Aktivität den Verwicklungsautomatismus durchbrechen.
Wenn wir so verfahren, wird der Körper zu einem wunderbaren Abstandsanker. Wir müssen natürlich nicht auf hängende Mundwinkel und schnodderige Bemerkungen warten, um unseren Körper in eine vitalisierendere Verfassung zu bringen ...
Nun wäre es doch ganz nett, wenn wir für unseren Geist auch noch ein friedliches Plätzchen hätten, das uns vor Ego-Kontraktionen bewahrte. Und genau so ein Plätzchen verspricht

ein Trainingsweg, den wir jetzt betrachten. Bei ihm geht es darum, unsere Aufmerksamkeit umzulenken, das heißt,
- wir ziehen sie ab von allen Schmollmündern, gehässigen Bemerkungen, Blech- und Totalschäden
- und lenken sie auf den Bereich in unserem Bewusstsein, der veränderungsresistent ist (= Ich-bin-Bewusstsein).

Durch dieses Umlenken der Aufmerksamkeit schaffen wir einen befriedenden Abstand und entkommen der üblicherweise vollautomatischen Reaktionsfalle. Es ist, als sprängen wir in eine immer während freie Zone unseres Kopfs oder Bewusstseins (Blitzputz!). Ist unser Training erfolgreich, so erleben wir mit der Zeit immer stabiler, dass wir mehr und ganz etwas anderes sind als unsere durch Verwicklung verengten Bewusstseinszustände. Dieses Ruheplätzchen verankert uns fröhlich außerhalb des verwirrenden Relativismus einer sich ständig verändernden Welt. Deshalb vergleiche ich die friedvolle Verankerung im unverwickelten Bewusstsein mit dem »archimedischen Punkt«.

> Das Höchste ist unnütz.
>
> LUDWIG HOHL

Das »Ich bin« als archimedischer Punkt

Archimedes hat gesagt, wenn es einen sicheren, festen Wahrheitspunkt gäbe, dann ließe sich die ganze Welt verstehen. An diesem Punkt könne man wie mit einem Hebel ansetzen und alle verbleibenden Ungewissheiten aus den Angeln heben.
Die indische Weisheitstradition scheint über einen solchen

archimedischen Punkt zu verfügen, denn dort wird immer wieder von dem gesprochen, was einzig und allein gewiss sei und sich außerhalb von Relativität, das heißt außerhalb von Veränderlichkeit, befinde. Es sei das Bewusstsein von »Ich bin«. In der Tat können wir alle bestätigen, dass Aussagen wie »Ich bin jung, reich, fröhlich, gesund« der Veränderung oder zumindest der Möglichkeit von Veränderung unterworfen sind. Wenn ich sage, ich bin dies und das, dann bewege ich mich im Bereich der Relativität. Der Wahrheitsgehalt der schlichten Aussage »Ich bin« hat durch seine Beständigkeit eine ganz andere Qualität.

Gewieft wie wir sind, kommen wir natürlich auf die Idee, diese Relativität durch beständigere Eigenschaften zu widerlegen: so, wenn ich sage »Ich bin eine Frau, eine Deutsche, grünäugig« usw. Das wird allergrößter Wahrscheinlichkeit nach bis zu meinem Tod so bleiben, aber spätestens dann kommt es uns abhanden. Und genau jetzt berühren wir eine Dimension des »Ich bin«, die über unseren alltäglichen Erfahrungs- und Bewusstseinshorizont hinausgeht. Wie nämlich indische und inzwischen auch abendländische Übende bestätigen, reicht die voll erlebte Erfahrungsdimension des »Ich bin« über Geburt und Tod hinaus. Sri Nisargadatta Maharaj, ein indischer Zeitgenosse, erklärt: »Was ist eigentlich Befreiung? Zu wissen, dass man jenseits von Geburt und Tod ist. Indem Sie vergessen haben, wer Sie sind und sich selbst für ein sterbliches Wesen halten, haben Sie sich in unglaubliche Schwierigkeiten gebracht, und nun geht es darum, wie von einem schlechten Traum aufzuwachen.«[29]

Wenn uns also ein praktiziertes »Ich bin« Kopf und Herz so freiputzen könnte, dass wir uns als ungeburtlich und unsterblich *erlebten*, dann hätten wir wirklich einen überzeugenden archimedischen Punkt errungen.

Leisten wir uns im Gedankenexperiment einmal folgende Vorstellung: Wir *wüssten*, wir hätten *erfahren*, dass wir im Kern ewig und unzerstörbar seien, dass Geburt und Tod nur den Stellenwert eines größeren Umzugs hätten, dann könnten wir mit diesem erfahrenen Wissen doch auf der

Stelle ein ganz nettes Paket an Sorgen, Vorsorgen, Ängsten oder Versicherungen absetzen. Das wiederum bedeutete, dass wir einen erheblichen Putzerfolg verzeichneten, da der erlebte archimedische Punkt schlagartig alle Identifikationen, Verbissenheiten, Rechthabereien, Projektionen, Meinungen und sogar Weltanschauungen auflöste. Welch süße Vorstellung!

So weit, so gut: Was uns zu einem Putzerfolg auf dieser Ebene des Unternehmens »Kopf frei!« lediglich noch fehlt, ist, dass das Juwel jenes Gedankenexperiments sich in unser Erleben legt. Das ist nach Auffassung der alten und neuen Meisterinnen und Meister durchaus möglich. Es geht um eine regelrechte Schulung, um eine Art Bewusstseinstraining, das mit genauso viel Ausdauer und Sorgfalt betrieben werden muss wie ein wissenschaftliches Experiment.

Wie genau ist das Ich-bin-Experiment durchzuführen? Ich zitiere eine Trainingsanleitung von Sri Nisargadatta Maharaj: »Tauchen Sie tief in das Gefühl von ›Ich bin‹ ein, und Sie werden fündig werden. Wie finden Sie etwas, das Sie verlegt oder vergessen haben? Sie behalten es im Gedächtnis, bis Sie sich erinnern. Als Erstes taucht das Gefühl von Sein, von ›Ich bin‹ auf. Fragen Sie sich, woher es kommt, oder beobachten Sie es einfach ganz ruhig. Wenn der Verstand im ›Ich bin‹ verharrt, völlig bewegungslos, dann treten Sie in einen Zustand ein, der nicht in Worte gefasst, jedoch erfahren werden kann. Sie müssen es nur immer und immer wieder versuchen. Denn schließlich erleben Sie ununterbrochen dieses Gefühl des ›Ich bin‹, doch Sie haben diesem Gefühl eine Menge Dinge aufgeladen: Körper, Gefühle, Gedanken, Besitz usw. All diese Selbstidentifizierungen führen in die Irre, sie bringen Sie dazu, sich für etwas zu halten, das Sie nicht sind.[30]

Die Übungen bestehen also darin, sich fest zu verankern, einzutauchen und zu verschmelzen mit dem Gewahrsein von »Ich bin«. Alle andern Gedanken sind abzuweisen, und bei jedem Affekt, beispielsweise wenn Ärger auftaucht, ist sofort das Erinnern ans »Ich bin« angesagt! So findet unser Geist jenes friedliche Plätzchen, das wir uns als einen unerschütterlichen Hintergrund aller uns umtreibenden Gedanken und Gefühle vorstellen können. Diese innere Friedenszone gewährleistet uns den Abstand, den wir in jeder unangenehmen Situation – eben in der Verstrickungsgefahr – unbedingt brauchen, wenn unser Kopf frei bleiben soll.

Allein, dieses Experiment kann nur gelingen, wenn wir es wirklich durchführen. Für den Anfang ist es sicher sinnvoll, einem Konzept, einer Denk-ans-Ich-bin-Strategie zu folgen. Zum Beispiel könnten wir grundsätzlich mit der Besinnung auf das »Ich bin« einschlafen und mit ihr den Tag beginnen, bei Spaziergängen, bei jedem Einatmen oder bei jedem Schritt uns in das »Ich bin« vertiefen oder auch an jeder roten Ampel, bei jedem Telefonklingeln, beim Zähneputzen, beim ersten Schluck aus einer Tasse, wenn wir jemandem in die Augen schauen. Oder wir legten reine Ich-bin-Tage ein.[31] Wir könnten auch überall Merkzettel hinhängen oder Rosen hinstellen, die uns erinnern sollen. Das wirkt freilich nur, solange die Merkhilfen noch in unser Bewusstsein springen. Manche finden die häufig betriebene radikale Veränderung ihres Wohnfelds (Bilder umdrehen: oben/unten, vorne/hinten) hilfreich. Ich meine, dass nicht zu viel Energie ins Nebensächliche gehen sollte. Jeder muss für sich selbst die besten Wege zum Innehalten, zum Sich-Erinnern finden. Auch einfach innerlich (oder laut) die Worte »Ich bin« sagen, kann eine gute Möglichkeit sein. Wichtig dabei ist, das Ich-bin-Erleben beim Gefühl und beim Gewahrsein ankommen zu lassen und nicht auf der Wortebene hängen zu bleiben. Ich bin. Ich bin. Ich bin. Und wirklich sacken lassen!

Wenn es gelingt, durch dieses Training sich mit dem Sein zu verbinden oder ins Sein zu gelangen – insofern paradox, weil wir ja sowieso drin sind, aber wegen des Schmutzfilms es nicht merken – dann sind wir befreit von dem, was ich eingangs das Emo-Gedankengefängnis nannte, befreit vom sich identifizierenden Ego; also vom Ich, das auf einen persönlichen Blickwinkel einschrumpfte. So betrachtet ist auch die Formulierung »ich bin« seltsam, aber dennoch ein nützlicher Zubringer.

Formel: Je mehr wir im Ich-bin-Bewusstsein leben, umso freier sind unser Kopf und unser Herz.

Für unser Langzeittraining ist es sicher förderlich, Beharrlichkeit an den Tag zu legen, aber Anstrengung ist ein eindeutiges Hindernis. Auf dem Weg zur Leichtigkeit kann angestrengte Verbissenheit nur ein Schuss nach hinten sein.
Erfreulich wäre eine blitzartige Bewusstseinsweitung: Plötzlich werden wir uns unseres wahren Wesens inne, plötzlich wissen wir, was der Sinn des Lebens ist, plötzlich sind wir auf dem Grund allen Erkennens angekommen, ohne dass wir es in gut verständliche Worte fassen könnten. Fast alle Menschen haben solche lichten Augenblicke erlebt. Um mit Plotin zu sprechen: Wir kennen die »Pause im Getümmel«, in der eine unbeschreibliche Evidenz alles durchdringt. Häufig werden diese seligen Momente durch das Ergriffensein von Schönem ausgelöst – wie Musik, Naturschönheiten oder tiefe Liebesgefühle. Es kann aber auch eine ganz alltägliche Erfahrung sein, die uns in übermäßige Luzidität katapultieren kann. Ein Beispiel, von dem Cioran berichtet: »Als ich zu später Stunde in dieser baumgesäumten Allee spazierte, fiel eine Kastanie mir zu Füßen. Das Geräusch, mit dem sie zersprang, das Echo, das es in mir weckte, und eine Ergriffenheit, die zu einem so winzigen Zwischenfall in keinem Verhältnis stand, tauchten mich ins Wunder, in die Trunkenheit des Endgültigen, als gäbe es keine Fragen mehr, nur noch Antworten. Ich war trunken von tausend unerwarteten Evidenzen, mit denen ich nichts anzufangen wußte ... So rührte ich beinahe an das Äußerste. Doch hielt ich es für geraten, meinen Spaziergang fortzusetzen.«[32]
Das schnelle Übergehen zur Tagesordnung, wie hier den Spaziergang fortzusetzen, ist eine häufige Reaktion auf diese wunderbaren Augenblicke. Sie sind halt so fremd. Viele Menschen berichten aber auch, jene exquisiten Erlebnisse nie ganz verloren und sowieso nie vergessen zu haben.
Ich wünsche Ihnen viele ganz und gar erhebende Erfahrungen von bleibender Wirkung.

> Was in deinem Denken keinen Platz hat, ist auch deiner Kontrolle entzogen.
>
> T. Golas

Bewusste Dosierung des emotionalen Aufwands

Josef ist einen ganz langen Sonntag allein daheim rumgehockt, weil seine Frau Elsbeth mit zwei Freundinnen wandern war. Er fühlt sich vernachlässigt und ist sauer. Bei ihrer Rückkehr bemerkt Elsbeth sofort die Stimmung ihres Mannes und nimmt sie persönlich. Vorwurfsvoll begrüßt Josef sie mit den Worten:
»Na, du machst dir ja ein schönes Leben!« Elsbeth ist sofort auf 180! Ihr Mann auf 360! Von ruhig Blut keine Spur mehr. Nach jedem Privatvergnügen seiner Frau hat Josef miese Laune. Deshalb glaubt Elsbeth, dass er ihr nichts gönnt und wird wütend. So werden Elsbeth und Josef Opfer ihrer automatischen emotionalen Reaktionen. Diesen Automatismus können sie durchbrechen, indem sie Täter werden und ihr emotionales Einsteigen entweder bewusst herunterschrauben oder, im Gegenteil, noch übertreiben. Die Übertreibung ins Maßlose enthält so viel Komik, dass dadurch der Automatismus im Emotionstheater keine Chance mehr hat (☞ Seite 188, »Abstand durch wohlwollende Übertreibung«).
Eine Lösung könnte so aussehen, dass sich Elsbeth ihrer Verstrickung bewusst wird, erst einmal tief durchatmet, Josef fest anschaut und überlegt, dass ihre emotionale Hochtourigkeit von 180 einfach zu viel ist und ein Zehntel wirklich reicht. Dann könnte sie auf Josef eingehen und sagen: »Jetzt bin ich ja wieder da, Schatz. Womit kann ich dir 'ne Freude machen?« Und mit dieser Frage wäre der ganze Spuk vorbei.

> Nicht, weil es schwer ist, wagen wir es nicht, sondern weil wir es nicht wagen, ist es schwer.
>
> Seneca

Abstand durch Erkennen und Zurücknehmen von Projektionen

Udo ärgert sich über die Verschwendungssucht seiner Frau. Er ist sehr sparsam und hat einfach kein Verständnis dafür, dass Hiltrud Geld für so etwas Sinnloses wie Kurse zur Selbstverwirklichung oder einen Motorradführerschein ausgibt. Das treibt ihn in den Wahnsinn! Sein Unverständnis wird auch nicht dadurch wesentlich gelindert, dass Hiltrud ihr Geld selbst verdient. Solange Udo nicht kapiert, was sich hinter seinem Ärger über Hiltrud verbirgt, bleibt er im destruktiven emotionalen Energieverschleiß hängen.

Handlungsfähig sind wir erst, wenn wir mit unseren Emotionen umgehen, anstatt zuzulassen, dass sie mit uns umgehen. In der Regel verbergen sich eigene, nicht gelebte Persönlichkeitsanteile hinter allem, was uns maßlos aufregt oder anderweitig emotional gefangen nimmt.

Entsprechend könnte Udo eine *Lösung* gelingen, wenn er versteht, dass er sich selbst mit zu großen Entsagungsgeboten einschränkt und dann mehr Mut entwickelt, Geld für Vorlieben und scheinbar Unnützes auszugeben. Anstatt zu sparen für ein Leben nach dem Tod, könnte er sich ein neues Auto leisten, obwohl das alte noch gut fährt. So würde er über Hiltrud eigene Defizite erkennen und könnte ihr dankbar sein. Indem er selbst macht, was ihn an seiner Frau stört, nimmt er seine Projektion zurück, gewinnt Abstand und ist von der emotionalen Verstrickung erlöst. Der erfreuliche Nebeneffekt ist, dass er sich nun nicht mehr über das Finanzmanagement seiner Frau ärgert. Denn genau in dem Ausmaß, in dem er selbst lebt, kann er Hiltrud leben lassen.

> Ich denke, Therapeuten sollten zu jeder Zeit irgendwelche irrelevanten Bemerkungen parat haben.
>
> Karen Horney

Abstand durch wohlwollende Übertreibung

Anneliese ist wirklich fleißig und gewissenhaft. Sie macht immer wieder Überstunden. Deshalb verletzt es sie sehr, als ihr Chef zu ihr sagt: »So 'nen faulen Lenz wie Sie möchte ich auch mal haben!« Diese Bemerkung ist wirklich ungerecht, und Anneliese hätte ihren Chef am liebsten angeschrien.
So bleibt auch Anneliese Opfer ihrer Reaktion, wenn sie es nicht schafft, sie bewusst zu gestalten. Die Versuchung, in unliebsamen Situationen gegenzusteuern, ist sehr groß. Hier: der Wunsch, den Chef anzuschreien. Viel wirkungsvoller ist es, dem »Feind« noch mehr Wasser auf seine Mühlen zu geben, ihn offene Türen einrennen zu lassen.
Diese Strategie bietet in Annelieses Fall folgende *Lösung*: Sie gelangt in den Abstand, indem sie paradox reagiert. »Abregen, nicht aufregen«, sagt sie sich und gibt ihrem Chef Recht. Seine Bemerkung verschärft sie noch mit den Worten: »Jawohl, ein fauler Lenz, das schont die Nerven und hält gesund. Ich strebe die 3-Tage-Woche an ...« Beide lachen, und die Verstrickung ist geplatzt!

> Neurotisch ist jemand, der das Augenfällige nicht sieht.
>
> FRITZ PERLS

Deutungen durch fundierte Beobachtungen ersetzen

Wenn wir unsere subjektiven Deutungen nicht als solche entlarven, sie überdies für bare Münze halten, dann ist allen Verstrickungsdramen Tür und Tor geöffnet, und die Chance, Abstand zu gewinnen, ist verspielt. Hier ein Beispiel:
Elfriede hat ein indisches Currygericht extra scharf für ihren geliebten Hubert zubereitet. Hubert verspätet sich um zehn Minuten. Er sieht gequält aus, sitzt, anders als sonst, ganz unruhig auf dem Stuhl, isst kaum etwas. Elfriede *deutet*, dass sie irgendetwas falsch gemacht haben muss, Hubert sauer ist, in Gedanken schon seine Bergtour macht und dass es ihm nicht schmeckt. Aufgrund dieser Deutung sagt sie dann vorwurfsvoll: »Schade, dass dir mein Essen nicht schmeckt; ich habe mir solche Mühe gegeben.« Hubert beteuert, dass es ihm schmecke. Und Elfriede kommt wiederum subjektiv deutend zu der Schlussfolgerung, dass er also doch schon auf dem Berg ist und deshalb nichts isst! Er langweilt sich offenbar mit ihr! So sagt sie: »Du musst dich nicht mit mir abgeben, wenn dein Herz woanders ist!« Hubert weiß nichts von Elfriedes heimkinoverseuchten, egozentrischen Deutungen seiner Befindlichkeit und fühlt sich durch Elfriedes Bemerkungen angegriffen. Im Moment ist ihm aber sogar das ziemlich egal, weil ihm seit ein paar Stunden seine Hämorriden solche Schmerzen bereiten, dass er nicht ruhig sitzen kann, auf keinen Fall etwas Scharfes essen sollte und natürlich einen entsprechenden Gesichtsausdruck hat.
Die *Lösung* liegt darin, dass Elfriede kapiert, wie egozentrisch ihre Deutungen sind und wie sehr sie wahrscheinlich an dem, was wirklich vorliegt, vorbeirasseln. Sie entscheidet sich, ihre Deutungen grundsätzlich in Frage zu stellen, sie durch Rücksprache zu überprüfen oder noch besser, Hubert bereits im Vorfeld zu befragen, anstatt ihm ihre unfundierten Deutungen

überzustülpen. In oben beschriebener Situation hätte sie gesagt: »Liebling, du isst weniger als sonst, bewegst dich mehr auf deinem Stuhl und schaust so anders, was ist los mit dir?« So wäre ihr Abstand anstelle von Verstrickung geglückt.
Fundierte Wahrnehmungen enthalten keine subjektiven Beimischungen und Bewertungen. Außenstehende können fundierten Aussagen immer zustimmen, während Unfundiertes allzu oft im Pluralismus unserer Meinungsgehege endet.
Beispiel: Klaus hat einen selbst gehäkelten, rosafarbenen Pullover an. Wenn ich sage, sein Pullover sei rosa (fundierte Aussage), werden alle zustimmen, sage ich jedoch, er sei scheußlich (unfundiertes, subjektiv wertendes Urteil), werden nicht alle zustimmen.

Fazit
Jede Form des hier beschriebenen Abstandschaffens setzt voraus, dass wir unsere Verstrickung mitkriegen. Deshalb ist es sehr nützlich, auch in nicht verstrickten Momenten immer wieder wahrzunehmen, was in unserem Bewusstsein abgeht und sich darauf zu besinnen, wer wir eigentlich sind. Aus diesem Grund ist das Erinnern unserer Merkmallosigkeit, wie sie im Erleben des »Ich bin« erfassbar sind, ein nützliches Dauertraining, das eine gute Wachheit für alle anderen Abstand schaffenden Strategien liefert.
Generell gilt, dass wir nur in dem Ausmaß gestaltend in unser Leben eingreifen können, in dem wir mitkriegen, was in uns und um uns herum abläuft. Deshalb liefert das auf diesem Weg vorgestellte Wachheitstraining eine gute Startrampe für den nächsten Weg.

Impulse, Sinniges und Unsinniges
- Im Haben von Schicksal sind wir unfrei. Im Antworten auf Schicksal sind wir frei. Deshalb provoziert jedes Schicksal unsere Freiheit.
- Nebeneinander lebt es sich besser als gegeneinander.
- Das Glück hängt von *unserer Reaktion* auf das Leben ab. Deshalb ist der Weg zum Glück so kurz.

- Der nicht angenommene und nicht erkannte Schicksalswink wird zum Schicksalsschlag.
- Jede Selbstständigkeit im Kopf macht auch wacher für die *seelische* Entautomatisierung.
- Wie haben Sie Ihr Ego überwunden? Ich habe mein Leben im Tiefschlaf verbracht.
- Für das genau Richtige brauchen wir keine Energie. Diese Wahrheit wird manchen erst bewusst, wenn ihr Kopf bereits in der Wand steckt.
- Mit jeder Neuauflage von Verstrickung wird altes Unglück verfestigt.
- Krisen als Ressourcenmobilisator und nicht als Gemeinheit!
- Wissen wird zur Manipulation, wenn ich damit invasiv bin.
- Wenn ich etwas weiß, brauche ich nicht zu interpretieren.
- In der Überanpassung spüre ich mich nicht mehr.
- Abspaltung und Identifikation sind zwei Seiten ein und derselben Münze.
- In dem Moment, in dem wir etwas persönlich nehmen, ist unsere Freiheit dahin.

4. Weg:

In der Gegenwart sein durch bewusstes Sprechen

Wir reden uns frei

> Es ist nie zu spät, eine glückliche Kindheit zu erleben.
>
> T-Shirt-Botschaft

Vital und sinnlich sind wir natürlich immer in der Gegenwart, weil wir nie die Luft von gestern oder morgen atmen und jetzt auch nicht den Kuchen der letzten Woche schmecken können. Mental sieht die Sache ganz anders aus: Im Kopf spazieren wir nämlich meistens in der Vergangenheit (erinnernd) und in der Zukunft (sorgend und vorsorgend) umher. Durch dieses gedankliche Auswandern aus der Gegenwart sind wir auch erlebnismäßig von dem, was gerade wirklich ist, abgezogen. So sind wir über weite Strecken Gefangene einer Zeit, die es nicht mehr oder noch nicht gibt. Es ist eine mentale Gefangenschaft, die uns aus der Möglichkeit, uns selbst zu spüren, herausreißt und auch jeden echten (= gegenwartsbezogenen) Kontakt mit anderen vereitelt. Anstatt bei uns selbst oder andern zu sein, sind wir in einem Gedankenfilm im voll gestopften Kopf. Filmpausen ganz unterschiedlicher Qualität entstehen

- bei allem, das uns erlebnismäßig vollständig packt: wenn uns plötzlich jemand kaltes Wasser überschüttet;
- bei einer mitreißenden Tragödie, bei der der eigene Film durch einen fremden abgelöst wird;
- bei allem, was *volle* Konzentration erfordert;

- auch beim »philosophischen Vorwärtsdenken« und bei gedanklichen Höchstleistungen, bei denen so viel Kopf benötigt wird, dass kein Platz mehr für zeitversetzte Filme bleibt.

Es ist doch spannend, dass unser Kopf in äußerster Aktivität freier ist, als wenn wir passiv unserem Gedankenfilm und unseren Assoziationen ausgesetzt sind. Auch die Ich-bin-Übung ist eine geistige Leistung, die folgende Formel nahelegt:

Formel: **Je aktiver und wacher wir geistig und erlebnismäßig sind, desto freier ist unser Kopf von unfreiwilligen Inhalten.**

Bei dieser Formel ist natürlich der Begriff der Aktivität zu differenzieren: Gemeint ist ein pionierhaftes, die eigenen Grenzen dehnendes, geistiges Bemühen, nicht das sich verselbstständigende, rödelige Hirnrädchen, das auch äußerst aktiv sein kann, aber keine erfüllende oder das Bewusstsein dehnende Bewegung meint. Durchdrehen unterscheidet sich sehr vom Durchstarten.

Für die Befreiung von unerbetenem, gedanklichem Rotationsmaterial bzw. vom Sörgel-, Trübel- und Grübelstoff ist also die Kultivierung mentaler Wachheit und konstruktiver geistiger Aktivität sehr nützlich. Es geht darum, mit dem Kopf unseren Kopf zu transzendieren. Also nicht in eine prärationale Abdumpfe zu verfallen, sondern stattdessen sich durch geistige Wachheit und entsprechendes Engagement aus dem unfreiwilligen Gedankenfilm abstrahierend herauszukatapultieren. Wenn ich eine Wachheit für das entwickle, was in meinem Kopf und meinem Gemüt abläuft, so stehe ich damit bereits auf einem guten Sprungbrett in die Abstraktion und das heißt in ein Mich-nicht-mehr-so-Ernstnehmen; es entsteht – eben wie beim Ich-bin-Training – ein segensreicher Abstand zwischen mir und dem, womit ich mich sonst präreflektiv identifizierte. Diese und andere Beobachtungen haben mich zur Entwicklung eines neuen Kommunikationsmodells bewegt. Es wird im Folgenden vorgestellt.

> Weil die Wahrheit dessen, was man redet, das ist, was man tut, kann man das Reden auch lassen.
>
> Bernhard Schlink

Vom Laberschwall zum Lebenshall – ein neues Kommunikationsmodell

»... also 1973 waren wir an der Ostsee, oder war es 72, warte mal ... es muss doch 73 gewesen sein, denn Opi hatte schon das grüne Auto. Also da an der Ostsee – das war ein total verregneter Urlaub. Wir hatten zum Glück Regenjacken. So gelbe. Früher waren die ja alle gelb. Und das Meer grau! Ganz verdreckt. Ja, ja die Umweltverschmutzung. Was ich sagen wollte, an der Ostsee 1972, äh 73, haben wir die Knödels kennen gelernt, eine reizende Familie, wohnen in Solothurn ...«
Kennen Sie das?
So oder ähnlich ist es, wenn Wortschwallproduktionen sich von echtem Kontakt, von relevantem Informationsgehalt, von der Gegenwart und von der Wahrnehmung des Gesprächspartners verabschiedet haben. Am Ende des Gesprächs sind beide unbefriedigt: die Labertüte, weil sie weder Echo noch Interesse noch echte Anteilnahme beim Gegenüber erwirkt, der Zuhörer, weil er sich gelangweilt und überflüssig – eben als Gesprächspartner nicht gemeint fühlt.
Wirklich befriedigend wäre es, wenn wir uns nicht mehr in Gesprächen zweiter Wahl erschöpften und gegenseitig frustrierten, sondern wenn uns Gespräche der ersten Wahl gelängen. Und das ist ganz einfach! Es geht nur darum, die Reproduktion von totem, langweiligem Vergangenheits- und Wissensschrott aufzugeben und stattdessen auf *wirklichen Austausch und Gegenwart* umzuschwenken. Dann sind unsere Verbalproduktionen nicht mehr kontaktfern, unlebendig und fremdelig. Außerdem wird die Beziehung zu uns selbst und zu andern durch lebendiges und gegenwartsbezogenes Sprechen ganz erheblich verbessert. Das gelingt ganz leicht, wenn wir die folgenden beiden Punkte berücksichtigen:

1. Zum einen gilt es, bestimmte Gesprächsinhalte *wegzulassen* und andere zu *bevorzugen*, so wie in der folgenden Übersicht aufgeführt.
2. Zum anderen geht es darum zu erspüren, was wir mit einem bestimmten Redeschwall eigentlich beabsichtigen, und die *Worte der ersten Wahl* zu finden.

Weglassen
- *Storys* aus dem eigenen Leben oder gar aus dem Leben anderer; solche Geschichten sind Schnee von gestern, Stoff aus der Erinnerungskonserve, der meist mit *Zusatzabsicht* erzählt wird. Stattdessen lieber die Zusatzabsicht erspüren und diese zum Ausdruck bringen.
- Alle *Kommentare zum sowieso Offensichtlichen*. So muss man auf einem vollen Parkplatz nicht kommentieren, dass überall Autos stehen. Oder alle *Kommentare zur schönen Natur*, weil dadurch das Erleben in den Verstand, in die Abständigkeit und Dualität gerissen wird.
- Alle *festlegenden Äußerungen* wie »Als Frau hast du da einfach keine Chance« oder »Ich brauche immer meinen Nachttrunk, sonst kann ich nicht schlafen«. Solche Äußerungen fixieren Gewesenes und erschweren den Veränderungsfluss.
- Alles Rumanalysieren in Bezug auf die eigene Person oder die Gesprächspartner; also *Psychologisierungen*, weil sie den Moment verhindern und oft Sündenbockfunktion haben. Zum Beispiel: »Aha, du hast Höhenangst. Das heißt, du hast mit Höhen schlechte Erfahrungen gemacht. Mit sechs bist du doch mal vom Pferd gefallen – da fing's an! Und dann warst du Schulsprecher, also ganz oben, verstehst du, und auf der Höhe dieses Ruhms musstest du mit deinen Eltern umziehen. In der nächsten Schule war dein Sozialprestige gleich null. Also kein Wunder, dass du Höhenangst hast.« Der letzte Satz schreibt das Problem nochmals fest – egal, ob die Deutung stimmte oder nicht.

○ Alle Geschichten und *Aussagen über Abwesende*, außer Phantasiegeschichten über Leute im gegenwärtigen Umfeld.
○ Alle *Assoziationen*: Für die Entrümpelung unserer Gespräche und Köpfe ist es nicht förderlich, assoziativ vom Hölzchen zum Stöckchen zu wechseln, weil so Eigentliches im Seichten zerstiebt und der jeweilige Augenblick verloren geht. Überdies sind Assoziationen in der Regel einfach langweilig und verpassen dem Zuhörer Klümpchen aus der *Wissenskonserve*, es sei denn, sie bringen einen Gedankengang echt voran. Genauso getrost können wir jedwede *Meinungsversteifung* weglassen.
○ Alle *klugen Sprüche*, die meist einem Produziergehabe entspringen und dem Gesprächspartner nur etwas aufdrücken, wodurch Austausch und Gegenwart wieder keine Chance haben.

Bevorzugen
○ Alle Aussagen zur jeweils *gegenwärtigen Befindlichkeit*. Auch zum Beispiel erzählen(!) dürfen, dass ich mein Auto gerade zu Schrott gefahren habe, weil das noch ganz aktuell nachwirkt. (Aufpassen, dass keine anderen Unfallgeschichten angehängt werden!)
○ Alles, was zur *unmittelbaren Alltagsbewältigung oder -gestaltung* gehört, wie die Mitteilung, dass ich gedenke, einen Kuchen zu backen und die Winterreifen am Nachmittag zu montieren. Ebenso längerfristige Planungen oder konstruktive Phantasien, die für die Gestaltung einer »zukünftigen Gegenwart« etwas abwerfen.
○ Alle Formen des *Quatschmachens und Spinnens* in der Gegenwart.[33]
○ *Spielen* und *lachen* in jeder Form.
○ *Wesentlichen Gedankenaustausch* oder gedankliche Vertiefung.

Zur Veranschaulichung einige *Beispiele*: Egon erzählt die *Story* von der Reifenpanne auf der Autobahn: »... jetzt ist es drei Jahre her, ich hatte den Wagen schon lange, circa sieben Jahre oder vielleicht auch acht. Und dann diese Reifenpanne. Natürlich nachts und kalt war's. Und zu allem Überfluss war der Wagenheber nicht im Auto. Ich weiß auch nicht, wo der war. Vielleicht daheim im Keller oder Ingo, das ist mein Sohn, hat ihn geliehen ...« usw. usw.

Mal ehrlich: Wer will das wissen? Was wären die Worte der ersten Wahl?

Was will Egon *eigentlich* zum Ausdruck bringen? Was ist seine heimliche *Zusatzabsicht* bei dieser Story? Er spürt in sich hinein und stellt fest, dass er mächtig stolz ist, wie er jene nächtliche Reifenpannenkatastrophe gemeistert hat. Er spürt auch noch, dass er irgendwie frustriert ist, dass niemand anerkannt hat, wie toll er war. Eigentlich – noch tiefer gespürt – ist sein Selbstwertgefühl nicht gerade berauschend. Seine *Worte erster Wahl* könnten jetzt sein:

»Zur Aufmöbelung meines Selbstwerts tät mir eine Portion Anerkennung gut. Könntest du bitte mal ein paar Eigenschaften aufzählen, die du toll an mir findest.«

Wirkungen:
- Der Gesprächspartner wird echt einbezogen; es finden Austausch und persönliche Begegnung statt.
- Die beiden Gesprächspartner sind wirklich in der Gegenwart.
- Egons Selbstwert wird gestärkt, wodurch vergangene Verletzungen gelindert werden.

Mit einer langweiligen Geschichte macht er stattdessen eine weitere Runde im Wiederholungszwang mit der Erfahrung, dass die so ersehnte Anerkennung wieder ausbleibt.

Und was wählen Sie? Laberschwall oder Lebenshall?[34]

Dieses Kommunikationsmodell ist ein sehr potenter Putzlappen, der verhindert, dass wir Opfer von unwillkürlichem Erinnerungs- und Wissensschrott werden, und der uns befähigt, Bewusstsein in das zu bringen, was andernfalls einfach nur automatisch in unserem Kopf abliefe. Es ist ein Riesenunterschied, ob wir im Automatismus unserer Hirnplatte drehen oder ob wir die Rillen jener Platten, immer wieder selbst neu gestalten und bestimmen. Im automatischen Drehfall sind wir nämlich unfrei und gebunden an das, was war; wir sind Opfer unserer Vergangenheit. Im eigenen Gestaltungsfall sind wir frei, spielerisch und kreativ. Und damit rücken wir beträchtlich in die Nähe unseres Putzziels, das sich ganz kurz auch so formulieren lässt:

»Kopf frei – alles frei«

Ist unser Kopf wirklich frei, dann sind wir im Sein, im »Ich bin« angekommen. Je deutlicher wir mitkriegen, was in unserem Kopf abgeht, und je genauer wir damit umgehen, umso leichter ist auch das so genannte ›Bezeugen‹, mit dem wir ebenfalls zum Sein hinwachsen. Unter Bezeugen versteht man ein Training, bei dem durch das nicht wertende Wahrnehmen der Vorgänge im eigenen Bewusstsein der Ausstieg aus persönlichen Verstrickungen erleichtert wird.
Die Schärfung unserer Wahrnehmung für das, was in unserem Kopf abläuft, ist auch Anliegen des von mir entwickelten Kommunikationsmodells. Es fördert einerseits die Aufmerksamkeit für die eigenen Gedanken und Gefühle, andererseits lässt es unsere Gespräche und uns selbst lebendiger werden. Teilweise ist es ein in die Verbalisierung gehobenes Bezeugen. Insofern folgt es denselben Wegmarken wie das Bezeugen. Hierzu folgende Übersicht, die aufzeigt, was sowohl die Methode des Bezeugens als auch das Kommunikationsmodell erstreben:

1. das *Innehalten* bei dem, was ist;
2. das Verweilen in der *Gegenwart*;
3. die *Auflösung von Identifikationen*, zum Beispiel mit Meinungen, Schmerzen, der eigenen Vergangenheit bis hin zur Identifikation mit der eigenen Person;
4. eine *innere Stille* anstelle des gedanklichen Rumhüpfens;
5. innere und äußere *Freude*;
6. mehr *Verbundenheit* mit sich, mit andern, mit dem ganzen Leben.

Wenn wir alles aus dem Gespräch verbannen, was den sechs Punkten in der Übersicht abträglich ist, und nur das zum Thema machen, was ihnen förderlich ist, ist unser Kopf entschieden freier, und die Spielverderber des Glücks suchen vergeblich nach einer Landefläche.

Wenn Sie Lust haben, können Sie sich alle zu bevorzugenden und zu vermeidenden Gesprächsinhalte gemäß der Übersicht auf Seite 195f nochmals vorknöpfen und überprüfen, inwiefern sie den sechs Punkten im obigen Kasten gerecht werden. Anhand von zwei Beispielen, wobei ein Beispiel der Rubrik »weglassen« und eins der Rubrik »bevorzugen« entnommen wird, können wir überprüfen, wie wir uns im Erleben dem Sein nähern.

Erwartungsgemäß nähern wir uns weder dem Sein noch einem freien Kopf, wenn wir Vergangenes durch das Wiederholen von irgendwelchen *Storys* immer wieder aufwärmen. Wenn ich zum Beispiel erzähle, wie ich 1988 in Wuppertal fast ein Haus gekauft hätte, dann

1. *halte* ich nicht *inne* bei dem, was ist,
2. verweile ich nicht in der *Gegenwart*,
3. verfestige ich Vergangenheit, anstatt die *Identifikation* mit ihr zu lösen,
4. breitet sich keine *innere Stille* in mir aus, weil ich im Kopf in Wuppertal rumhüpfe,

5. ist von innerer und äußerer *Freude* auch keine Spur,
6. erlebe ich höchstens *Verbundenheit* mit meiner Story, meiner Person, sicher nicht mit meinem transzendentalen Ich oder dem Sein, auch nicht mit dem Zuhörer, dem wahrscheinlich höchst gleichgültig ist, was ich 1988 fast gemacht hätte, – und die Möglichkeit einer gegenwärtigen Verbindung mit dem ganzen Leben wird von der Erinnerung völlig verschlungen.

Dem Seinserleben ähnlich abträglich, dafür den Spielverderbern unseres Glücks besonders zuträglich, sind ferner alle *Assoziationen, festlegenden Äußerungen*, viele *Kommentare, Meinungskram* und Ähnliches. Prüfen Sie dies anhand selbst gewählter Beispiele.

Die zu bevorzugenden Gesprächsinhalte sollen uns in die seinsträchtigen Gefilde entführen, die im Sechs-Punkte-Kasten verkürzt aufgeführt sind. Befassen wir uns zur Überprüfung mit Aussagen zur *gegenwärtigen Befindlichkeit*. Bei dieser Gesprächsstrategie ist es besonders sinnvoll herauszuspüren, was das eigentliche Anliegen hinter irgendeinem Redeschwall gewesen wäre. Wenn jemand erzählt, was für ein toller Hirsch er ist, dann ist das eigentliche Anliegen möglicherweise, dass er Anerkennung und Bewunderung vom Zuhörer abtrotzen will. Er ist also viel dichter an sich selbst dran, wenn er dieses Anliegen, diese Befindlichkeit erspürt und zum Ausdruck bringt. Verifizieren wir die sechs Punkte anhand dieses Beispiels:

1. *Innehalten:* Wenn er über sein eigentliches Bedürfnis nach Anerkennung spricht, ist er bei dem, was wirklich ist.
2. *Gegenwart:* Und er landet mit diesem Bedürfnis auch endlich in der Gegenwart, anstatt es über eine Angeberstory nur indirekt und erfolglos zu thematisieren.
3. *Identifikationsauflöser:* Durch das authentische Darlegen der eigenen Befindlichkeit kann sich sofort die Identifikation mit der Angeberstory auflösen, weil diese als Tarngelaber unwichtig geworden ist. Ferner besteht durch die Offenlegung

des eigentlichen Bedürfnisses auch die Chance, dass es tatsächlich einmal befriedigt wird, anstatt als unbefriedigter Vergangenheitsposten weiter die Hirn- und Herzplatte zu verschmieren. Die Folge einer solchen Befriedigung ist längerfristig die Auflösung der Identifikation mit jenem Bedürfnis.
4. *Innere Stille:* Es kann sich im unverzerrten Aussprechen der eigenen Befindlichkeit nicht nur innere Stille, sondern auch mehr äußere Stille einstellen, weil für die Angeberstory viel mehr Text produziert werden muss.
5./6. *Freude/Verbundenheit:* Die innere und äußere Freude sind ganz bestimmt in den Sand gesetzt, wenn sich sein Gesprächspartner angewidert abwendet. Bei einer ehrlichen Offenlegung der eigenen Befindlichkeit hingegen fühlt sich sein Gegenüber zumindest angesprochen, es ist ein echter Kontakt hergestellt. Natürlich ist es nicht zweckmäßig, jedem bei jeder Gelegenheit die letzten Schichten der eigenen Befindlichkeit um die Ohren zu hauen.

Es ist offensichtlich, dass wir bereits durch die bewusste Auswahl von Gesprächsinhalten einen erheblichen Beitrag zu unserer Glücksförderung leisten können. Erlebnismäßig sind wir unsere Befindlichkeit, und wenn wir sie mit Worten zweiter Wahl zudecken, rücken wir automatisch von uns selbst ab. Mittels des Sechs-Punkte-Checks können Sie leicht überprüfen, inwiefern auch die anderen zu bevorzugenden Gesprächsinhalte wie *unmittelbare Alltagsgestaltung, wesentlicher Gedankenaustausch, kreatives Entwickeln von Ideen* und *Phantasiegeschichten* uns eine größere Nähe zu uns selbst bescheren.
Ich bin davon überzeugt, dass wir unser Leben mit viel mehr Eigenmacht gestalten können, wenn wir wach und bewusst mit unserem Denkvermögen umgehen. Dann sind wir nämlich viel leichter in der Lage, uns den Kopf für das Wesentliche, darunter auch Spaß und Quatsch, freizuschaufeln.

Impulse, Sinniges und Unsinniges
- Ehe wir uns Vergangenheit aufkochen lassen, sagen wir lieber: »Komm, lass uns in den Traumtopf schauen.«
- Wir bauen uns selber ein Gefängnis, dadurch dass wir uns irgendwie denken.
- Die festlegende Äußerung ist das Gegenteil vom Sich-Entwerfen.
- Wenn ich jemanden wirklich kennen lernen will, dann soll er mir nichts über sein Leben erzählen.
- Die Mitgift der Vergangenheit ist ein Bewusstseinsgefängnis.
- Die Selbsteinschränkung des andern wird verstärkt, indem wir das Bild, das er von sich hat, glauben.
- Worte müssen auf die Goldwaage gelegt werden, damit sie das richtige Gewicht bekommen.
- Erinnerung ist Vergangenheitsklebstoff.
- Jede Einseitigkeit wirft ein Stück Wahrheit weg.
- Sinnvolles Lernen ist Verlernen.
- Kontroverse ist erfrischend. Meinungsbeharrerei ist Zeitverschwendung.
- Wissen ist langweilig. Denken ist interessant.
- Nicht nur sich, sondern auch andere neu erfinden!
- Durch den Laberschrott vollzieht sich eine Trennung im Kontakt. Wirkliches Leben ist aus erster Hand und nicht aus zweitem Mund.
- Meinungsverschiedenheiten sind misslungene Dialoge.
- »Da kann ich jetzt innerlich nicht so mitgehen« ist höflicher als: »Halt's Maul!«

5. Weg:

Quatsch und Unsinn machen

Wir lachen uns weg

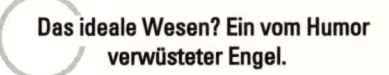 Das ideale Wesen? Ein vom Humor verwüsteter Engel.

E.M. CIORAN

Die Natur hat uns ein besonders köstliches Putzmittel zum freien Kopf zur Verfügung gestellt. Es ist das Lachen, das uns schlagartig aus jeglicher Verstrickung befreit und alle Sörgel-, Nörgel-, Trübel- und Grübelgedanken auflöst.

Immer wenn wir *total lachen*, werden wir weit im Herzen und im Kopf. Der Lachanfall reißt uns aus unserer EGOZENTRISCHEN PERSPEKTIVE und ersetzt sie durch ein UMFASSENDES ERLEBEN.

Dass wir irgendwie untergehen, bringt unsere Sprache in folgenden Redewendungen hervorragend zum Ausdruck: »sich kaputtlachen«, »sich totlachen«, »sich wegwerfen vor Lachen«. So leicht lässt sich also das Ego wegputzen. Einfach lachen, bis es nicht mehr da ist. Interessanterweise sind wir just in dem Moment, in dem wir lachen, auch mit unseren Mitlachern total verbunden. Das können wir daran überprüfen, dass es unmöglich ist, mit jemandem herzlich zu lachen und *gleichzeitig* diesem Menschen böse zu sein. Das zeigt auch, wie sehr die identifizierte, egozentrische Perspektive uns vom Leben TRENNT.

Das Lachen ermöglicht also nicht nur einen positiven Rundumschlag auf der psychosomatischen Ebene, sondern hat überdies eine enorme Hirnplattenputzwirkung. Häufiges Lachen macht uns immer unanfälliger für die Spielverderber des Glücks. Das zeigt einfach, wie sehr ein freier Kopf Zubringer und Voraussetzung für unser Glück ist.

Die sich aufdrängende Frage ist nun, wie es uns gelingen kann, mehr zu lachen – und zwar *wirklich* zu lachen, nicht ironisch, zynisch, nicht höflich lächeln, nicht lachen auf Kosten anderer, sondern voll und total – so, dass wir uns eben einfach nicht mehr halten können vor Lachen. Die Welt des Absurden, des alogischen, des puren Stusses ist für manche eine ganz besonders köstliche Möglichkeit, im Lachen zu landen. Ein Beispiel ist der folgende Satz, dessen Urheber ich leider nicht kenne:

> Denn sehet die Teppichböden:
> Sie weben nicht,
> sie streben nicht,
> und dennoch reichen sie
> von Wand zu Wand.

Im Unsinn verlieren sich die festen Konturen unserer normalen Welt. Unsinn kann somit eine hirn- und herzerfrischende Horizonterweiterung sein. Luise möchte Sie noch weiter ins Absurde entführen. Im Absurden lässt sich die geheime Ordnung des Chaotischen mitunter erahnen.

Luise, ihre Täubchen und das Weltall
Und wenn Luise nicht geflogen wäre, täubte sie auch heute noch.
Luise, zeige mir deine Täubchen, und ich sage dir, wo deine Flügel sind.
Lieber Luise in der Hand als ein Weltall im Flügel des Täubchens.
Was nützte es dem Weltall, wenn es Luise flügelte und nähme doch Schaden an seinem Täubchen?
Was lange täubt, wird endlich All.

Aufbruchsfragen zur Unsinnsförderung
- Welche Meinungen habe ich? Durch andere ersetzbar oder ersatzlos zu streichen?
- Worüber könnte ich trotzdem lachen?
- Wie kann ich mich blamieren?
- Mit wem kann ich gut, viel, leicht lachen? Wie ließen sich diese Kontakte ausbauen?
- In welche Gespräche könnte ich unvermittelt Gesang oder Tierlaute einbauen?
- Wie könnte ich durch blöde Bemerkungen meine egozentrische Verkeilung lockern?[35]
- Könnte ich vielleicht ab und zu mit wissenschaftlicher Miene einen unsinnigen Vortrag halten? Beispielsweise zu einem der folgenden Themen:
  – Die Identität der Frau ohne Schürze
  – Die Vor- und Nachteile ganz allgemein betrachtet
  – Die Problematik der Sexualität im Hinblick auf den Froschkönig
- Könnte ich meine Identitätsverhaftung einmal nett aufweichen durch das Erfinden einer neuen Identität? Neuer Name, neuer Beruf, neue Hobbys, gänzlich andere Beziehungen und Freunde, kurz: eine völlig neue Biographie.
  Max Frisch schrieb: »Jeder erfindet sich früher oder später eine Geschichte, die er für sein Leben hält ...«[36]
- In welcher Hinsicht könnte ich übertreiben?
- Wäre es nicht erfrischend, ab und zu in ausländische Ak-

zente zu wechseln oder gänzlich in Blubbersprache zu verfallen? Kari böla zunk nameschole!

So betrachtet können wir uns beim Erfinden doch gleich richtig ins Zeug legen. Mit jeder neuen Identität, die wir erfinden, haben wir unseren Kopf von der alten freigeputzt.
All diese Anregungen bewegen sich noch im verbalen Bereich. Die Liste würde ins Uferlose gehen, wenn wir auch noch das nonverbale Unsinnsspektrum einbezögen. Abstrakt formuliert geht es im Grunde um »überhöhendes Abnormen«, und damit meine ich ein Sprengen des Normopathiekorsetts, ohne jedoch zu brüskieren und zu verletzen, weshalb ich von *überhöhendem* Abnormen spreche.

Phantasie-Ausbruch
Mein Spinn im Un als Sinn.

Impulse, Sinniges und Unsinniges
- Lachen, bis die Egos krachen!
- Das heilsamste Lachen ist das Lachen über den eigenen Mist.
- Lachen ist nicht zweckorientiert. Versuch einmal, nützlich zu lachen ...
- Wer im Unsinn schwelgt, spielt mit dem Chaos.
- Die Spur der Kraft erreicht man mit Lachen.
- Für Tiere ist eh alles o.k. Warum sollten sie lachen?
- Lachen schenkt uns Nähe zu uns selbst.
- Lieber das Lachen einmal künstlich starten, als das ganze Leben authentisch bitter sein.
- Unsinn machen heißt, sich bewusst in die Standpunktlosigkeit zu bringen. Jeder Streit nimmt seinen Ausgang in einem Standpunkt.
- Im Unsinnsbewusstsein können wir dahin gelangen zu erfahren, dass das Leben vollendetes Spiel ist.
- An der Karikatur erkennt man die Wahrheit.
- Wie schade, wenn wir uns nicht selbst amüsieren können. Wir sind doch permanent mit uns zusammen.

- An der schwächsten Stelle über sich lachen können – das ist Souveränität.
- Lachen schließt immer Liebe, Freude und Dankbarkeit ein.

Koan
Womit hätte ich gestern angefangen, wenn gestern morgen gewesen wäre, und die Zeit stillgestanden wäre?

6. Weg:

Sich im Schönen, im Kunstgenuss verlieren

Wir entäußern uns

> Künstler sind auch Spezialisten, nämlich des Wesentlichen.
>
> LUDWIG HOHL

Wir haben zwei Wirklichkeitskategorien, zwei Grundbefindlichkeiten unterschieden: das Leben mit freiem Kopf und das mit einem Grübel-, Nörgel-, Sörgel-, Trübelkopf. Erfahrungsmäßig wird ein Leben mit freiem Kopf leichter, kreativer, spontaner und lustiger, weshalb seine Förderung ein lohnenswertes Ziel ist. Folgende Grade der Kopffreiheit haben wir betrachtet:
1. Freiheit von unerledigtem Alltagskram. (1. Weg)
2. Freiheit von tiefer liegenden Formen der Selbstsabotage, Fremdbestimmung und ähnlichen Seelenkorsetts. (2. Weg)
3. Freiheit von sich selbst, das heißt von jeglichem Denkenmüssen, Bewerten, Vergleichen usw. (3. Weg)
4. Freiheit vom Zwangslauf unserer Gedanken, wenn wir diese ganz wach wahrnehmen und dadurch in der Lage sind, unsere Kommunikation bewusst und frisch zu gestalten. (4. Weg)
5. Freiheit durch Lachen, als ließe ein Lachanfall unseren Emo-Gedankenknast platzen. (5. Weg)

Wenn wir wirklich den Kopf frei haben, dann hat sich, um Heidegger zu zitieren, der Sprung vom Seienden zum Sein vollzogen. Was dann unser Bewusstsein erfüllt, ist »inhaltslose Glückseligkeit«. In dem Augenblick, in dem unser Gedanken-Emoschleier fällt, erleben wir uns als vom Sein umfangen oder aufgenommen. Genau dann erleben wir ein Aufgehen in der Gegenwart, in das wir uns selbst nicht mehr störend einmischen. Es ist eine Art selbstvergessenes Versinken im Jetzt. Ein solches vollständiges Verschweben im Augenblick erleben wir auch in der Entäußerung im Kunstgenuss. Wenn uns ein Musikstück ganz und gar erfüllt, wir gleichsam selbst zur Musik werden, dann erleben wir das *Aufgehen im Kunstgenuss*, womit wir beim sechsten Weg zum freien Kopf angekommen sind.

Unsere Unterscheidung von zwei Wirklichkeitsdimensionen liefert aus erlebnismäßiger und philosophischer Sicht die Erklärung für das Entzücken, das wir im vollständigen Kunstgenuss oder im künstlerischen Schaffen verspüren. Im gelungenen und alltagskopffreien Schaffen wird der Künstler bewusstseinsmäßig vom Sein erfüllt oder angehaucht. Was er in diesem Zustand hervorbringt, sind sozusagen »Derbformen des Seins«. Im versunkenen oder entschwebenden Genießen gelangt der Kunstrezipient in eine Teilhabe am Sein, wodurch sein Kopf ebenfalls freigeputzt wird.

Genie und Kunstwerk schlagen zwar im besten Falle eine Brücke zum Sein, aber nicht derart, dass wir dadurch das Sein ein für allemal in der Tasche hätten. Es ist vielmehr so, dass durch das Erleben von Kunst das Sein nur zu uns herüberscheint, es ist uns dadurch zwar nahe, aber wegen seiner Ungeheuerlichkeit, seiner Größe, seiner Totalität jedoch in keiner Weise packbar. Von dieser durch die Kunst erwirkten Nähe des Seins[37] schreibt Klenk, Heidegger zitierend: »... ›die jetzt waltende Nähe lässt das Nahe nahe und lässt es doch zugleich das Gesuchte, also nicht nahe sein‹«. Nähe war sonst

›die möglichst geringe Abmessung des Abstandes zweier Örter‹. Jetzt dagegen erscheint ihr Wesen darin, ›dass sie das Nahe nahebringt, indem sie es fernhält‹. ›Die Nähe zum Ursprung ist ein Geheimnis.‹
›Die Nähe zum Ursprung ist eine sparende Nähe.‹ Das heißt, sie hält das Freudigste zugleich zurück, in Abstand, in der Ferne. Das Göttliche ist nahe, indem es fern ist.«[38]
Das Göttliche hat nach Heidegger keinen christlichen Touch, sondern ist einfach das Sein, der Ursprung, das Wesenhafte, das Erhabene, welches über sich hinausweist, also das Transzendente, bzw. vielleicht auch Erlebnisniederschlag unserer nächsten evolutionären Bewusstseinsstufe ...?
Da sich das Transzendente oder das Sein eben leider nicht auf Dauer und verlässlich einsacken lässt, haben wir nur die Möglichkeit, uns behutsam – oder doch mit einem Sprung – in seine Nähe zu zaubern. Dies erreichen wir, wenn wir Kunstgenuss und eigenes kreatives Schaffen in unser Leben einbauen. Die Sinne und die Denkungsart, die durch die Kunst aktiviert werden, sind seinsbezogen. Wahre Kunst ist ein Widerhall des Seins.
Allein, wie gelangen wir in den Kunstgenuss? Meist geschieht es spontan – ohne eine spezielle Methode. Und doch können wir die mentalen und seelischen Abläufe, die uns in die Kunst hineinwerfen und an das Sein heranbringen, genauer betrachten. Nach Schopenhauer erreicht der Mensch den Zugang zur Welt der Ideen, zur Kunst, zum Sein durch »Kontemplation«. Er unterscheidet die objektive und subjektive Richtung des Geistes. In der objektiven Richtung geht der Mensch ganz in der Kontemplation der Ideen auf, wohingegen er in der subjektiven auf die eigene Person, den eigenen Willen, sein Ego gerichtet bleibt. Schopenhauer zufolge verfügt vor allem das Genie über die Fähigkeit zur Kontemplation, mittels derer ihm der Sprung ins Sein glückt: »Genialität ist die Fähigkeit, sich rein anschauend zu verhalten, sich in die Anschauung zu verlieren und die Erkenntnis, welche ursprünglich nur zum Dienste des Willens da ist, diesem Dienste zu entziehen, das heißt sein Interesse, sein Wollen, seine Zwecke ganz aus den

Augen zu lassen, sonach seiner Persönlichkeit sich auf eine Zeit völlig zu entäußern, um als rein erkennendes Subjekt, klares Weltauge, übrig zu bleiben: und dieses nicht auf Augenblicke, sondern so anhaltend und mit so viel Besonnenheit, als nötig ist, um das Aufgefaßte durch überlegte Kunst zu wiederholen und was in schwankender Erscheinung schwebt, zu befestigen in dauernden Gedanken.«[39]

Für Oscar Wilde liegt der Schlüssel zum Ursprungsland der Kunst im Lügen um des Lügens willen. Über dieses zweckfreie Lügen, mit dem wir das Leben schmücken können, schreibt Wilde in seinem Essay *The Decay of Lying*: »The only form of lying that is absolutely beyond reproach is lying for its own sake, and the highest development of this is ... Lying in Art.«[40]

Im Gegensatz dazu steht das Lügen um des eigenen Vorteils willen, welches ganz mit Schopenhauers subjektiver Richtung des Geistes vergleichbar ist. Hierbei bleibt der Wille des Menschen vollständig auf die eigene Person bezogen. Die Kontemplation hingegen, bei der sich die Erkenntnisorgane völlig vom eigenen Willen lösen, entspricht Wildes Gedanken vom Lügen um des Lügens willen; denn bei dieser Form der Lüge verliert der Künstler sein eigenes Wollen aus dem Blick, seine Lüge steht jenseits persönlicher Vorteile und jenseits der relativen Welt des Werdens. Bei der ichbezogenen Lüge weilt der Mensch fernab der Sphäre der Kunst. Er befindet sich in der subjektiven Richtung des Geistes – eingebunden in die profane Wirklichkeitsdimension, nämlich die Welt des Seienden.

Der in diesem Buch verfolgte zentrale Grundgedanke wird in Anlehnung an die soeben erschlossene Begrifflichkeit in drei Thesen zusammengefasst:

- Wir haben den Kopf nur dann frei, wenn sich unsere Willensregungen in keiner Weise auf die eigene Person beziehen.
- Ein freier Kopf impliziert echte Selbstlosigkeit. Das heißt, ein freier Kopf ist Voraussetzung für bedingungslose Liebe.
- Oder nach Schopenhauer: Einen freien Kopf zu haben, bedeutet als rein erkennendes Subjekt, klares Weltauge, übrig zu sein.

Aufbruchsfragen
- Was lässt meine Sinne aufblühen?
- Welche kreative Beschäftigung macht mir besonders viel Freude? Welche neuen Bereiche würde ich gerne erschließen?
- Wie könnte ich mein sinnliches Erleben intensivieren? Wäre ich bereit, es mit Verlangsamung zu versuchen (*genau* hinriechen, hinschmecken, hinhören, hinfühlen und hinsehen)?

Phantasie-Ausbruch
Meine kreativen Ausschweifungen.

Impulse, Sinniges und Unsinniges
- Kreativität ist Ausdruck von Lebensfreude.
- Verwandlung heißt, das ganze Ich kommt abhanden.
- Kunst der Deutung: dem Kunstwerk Raum lassen, selbst zu sprechen.
- Um ins Sein zu kommen, muss ich mich ganz investieren.
- Harmonie ist Vibration der Stille.
- Harmonie ist Tanz der Einzelteile.
- Harmonie ist Abwesenheit aller Anstrengung.
- Wenn ich kreativ bin, bin ich sehr in der Gegenwart.
- Mut ist, an der Grenze den Widerstand aufzugeben.
- Es gibt nichts Heilenderes und Heiligeres als das Unwillkürliche.
- Die großen Geborgenheitsgefühle kommen nicht von den Versicherungsgesellschaften.
- Sehnsucht weist existenziell über mich hinaus.
- Vertrauen entsteht durch den Versuch.

Koan
Was sehe ich als klares Weltauge? Und wer sieht?

7. Weg:

Lieben und das Herz öffnen

Wir geben uns hin

> Liebe muß die Kraft haben, in sich selbst zur Gewißheit zu kommen.
>
> HERMANN HESSE

Solange unser Herz *nur* vom Lieben erfüllt ist, ist unser Kopf wirklich frei. Dann haben Angst, Stress und unser Emo-Gedankengefängnis einfach keine Chance. Diese Tatsache belegt eine interessante wissenschaftliche Zufallsentdeckung.
Forscher hatten ein neues Präparat gegen Angst und Stress entwickelt und wollten es in folgendem Experiment testen: Ein Affe wurde in einen Käfig gesetzt, um den herum man einen knurrenden Hund rennen ließ. Der Affe reagierte mit panischer Angst, worauf sich der Stresshormonspiegel in seinem Blut drastisch erhöhte. Dann wurde ein zweiter Affe, der zuvor das neue Testpräparat erhalten hatte, in den Käfig gesetzt. Der Hund lief wieder knurrend um den Käfig und siehe da: Affe zwei zeigte keinerlei Stressreaktion. Das Präparat schien zu wirken. Doch dann stellten die Forscher zu ihrer Überraschung fest, dass auch Affe eins keine Stressreaktionen mehr hatte, sobald sein Kumpane Affe zwei, mit ihm im Käfig hockte. Es stellte sich heraus, dass die Stressreaktion nur auftauchte, wenn ein Affe allein im vom Hund umknurrten Käfig war. Kaum saß sein Artgenosse bei ihm, war von Angst und Stress keine Spur mehr übrig. Die Unterdrückung jener Stressreaktionen gelang jedoch nur, wenn der zweite Affe aus der gleichen Kolonie stammte, also ein Freund war.

Diese Zufallsentdeckung liefert die Erkenntnis, dass das beste Mittel gegen Stress und Angst auch bei uns Menschen die freundschaftliche Verbundenheit ist. Gerald Hüther, der obige Zufallsentdeckung veröffentlichte, führt weiter aus, dass bei uns Menschen die Geborgenheit stiftende Nähe nicht nur von einem andern Menschen ausgeht, sondern sie kann ebenso von einem Tier, einer Landschaft oder dem Glauben an ein uns beschützendes Wesen herrühren. Hüther stellt die Frage, welches Gefühl so stark sein kann, dass es sogar die größte Angst, nämlich die vor dem Tod, überwinden hilft, dass es Menschen dazu bringt, in reißende Flüsse zu springen oder in brennende Häuser zu laufen, um Kind oder Frau zu retten. Er kommt zu folgender Antwort: »Wir ahnen, wie dieses Gefühl heißen könnte, das die Angst besiegt: Es ist die Liebe. Wir wissen aber auch, dass es nur wenige Menschen auf dieser Erde gibt, deren Fähigkeit zu lieben ausreicht, um alles, was sie umgibt, zu umfassen. Sie haben kaum noch Angst.«[41]

Wohin die Liebe auch fallen mag, da falle mit.

Hüther stellt ferner fest, dass das Liebesvermögen der meisten Menschen nur das umfasst, was ihre konkreten Ängste in ihrem bisherigen Leben zu unterdrücken imstande war, wie sich selbst, eigene Fähigkeiten und Erfolge, die Eltern, Kinder und Partner, womöglich das eigene Auto u.ä. Der Radius, mit dem wir anderes liebend umfassen, ist eher bescheiden, und obendrein entsteht mit allem, was wir lieben, eine neue Angst: »Aber immer dann, wenn ein Mensch etwas ganz Bestimmtes auf dieser Welt gefunden hat, das ihm hilft, seine Angst erträglicher zu machen, hat er sich bereits eine neue Angst eingehandelt. Es ist die Angst, dass er das, was er liebt, wieder verliert.«[42]

Das Fazit aus dieser Zufallsentdeckung lautet:

> Je mehr unsere Liebe umfasst, umso weniger Angst haben wir.

Ein umfassendes Liebestraining lohnt sich also. Wenn wir lieben, sind wir frei. Und dennoch schleichen sich die Sörgel-, Grübel-, Trübelviren sogar in die Liebe hinein: Sie drohen mit dem Verlust des Geliebten. Die schlechten Nachrichten sind obendrein, dass uns das Geliebte in dieser relativen und vergänglichen Welt des Werdens mit Sicherheit abhanden kommen wird.

Die Lösung dieses Dilemmas könnte so aussehen, dass wir den Akzent mehr auf das Lieben selbst als auf das Geliebte legen. Genauso können wir Rilke verstehen, der uns im Angesichte des Verlustes des Geliebten in der ersten der Duineser Elegien sagt, wie wir am besten mit diesen »ältesten Schmerzen« umgehen können:

> Sollen nicht endlich uns die ältesten Schmerzen
> fruchtbarer werden? Ist es nicht Zeit, dass wir liebend
> uns vom Geliebten befrein und es bebend bestehn:
> wie der Pfeil die Sehne besteht, um gesammelt im Absprung
> mehr zu sein als er selbst. Denn Bleiben ist nirgends.

Wenn es uns wirklich gelänge, uns *liebend* vom Geliebten zu befreien, dann wären wir in einer bedingungslosen, aperspektivischen, nicht egozentrischen Liebe angekommen. Erst wenn uns das Lieben mehr zöge als das Geliebte und diese Haltung kollektive Ausmaße erreichte, dann stünden wir am Beginn eines neuen Zeitalters mit einer neuen Ethik. Derweil üben und putzen wir fröhlich weiter und halten es am besten mit Sartre, der sagte: »Vielleicht gibt es schönere Zeiten, aber diese ist die unsere.«

Impulse, Sinniges und Unsinniges
- Sinnlosigkeit ist, wenn wir mit dem, was uns lieb und wert ist, nicht verbunden sind.

- Das Wunder der Liebe hebt die Fremdheit auf.
- Leben nicht erledigen, sondern erfüllen!
- Je stärker das Urvertrauen, desto abschüttelbarer sind die Unbilden des Lebens.
- Tabus können nur durch echte Liebe gebrochen werden.
- Hoffnung ist die beschränkte Ausgabe der Sehnsucht. Hoffnung geht davon aus, dass ein bedauerlicher Zustand besser werden soll. Die Sehnsucht enthält schon ein Stück von der Fülle, die sie ersehnt.
- Liebe und Sehnsucht lassen uns am meisten wachsen.
- Sehnsucht will nicht nur Veränderung, sondern auch Verwandlung.
- Die allermeiste Kraft brauchen wir zum Ausbremsen der Liebe.
- Lieben als Erlaubnis, nicht als Gebot!
- Jemanden lieben hat eine Ewigkeitsqualität im Moment. Deshalb: Wenn ich jemandem meine Liebe erkläre, ist das eine Ewigkeitserklärung, die nur einen Augenblick gilt.
- Nicht zu lieben heißt, getrennt zu sein.
- Entweder lieben oder helfen. Lieben ist toller. Lieben stärkt. Helfen schwächt.
- Liebe funktioniert nur mit dem Sprung in die Bedingungslosigkeit.

Koan

Welche Freiheit feierte mein Geliebtes, wenn ich das Lieben liebte?

Philosophisches Hinterstübchen: Das Glück und das Sein

> Kehre in dein Inneres und steige über dich hinaus.
>
> AUGUSTINUS

Herzlich willkommen hier im philosophischen Hinterstübchen! Auf unserer Putztournee haben wir inzwischen sieben Wege zum freien Kopf erprobt. Nun nähern wir uns einer theoretischen Fundierung des bereits ausgeführten Gedankens:

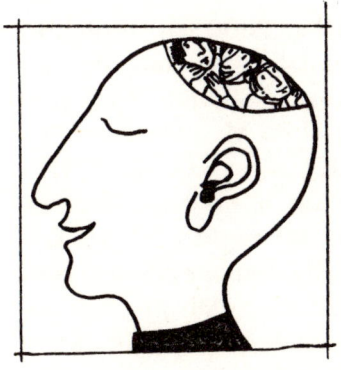

Ein freier Kopf und ein freies Herz stellen die Rennbahn zum Glück dar. Diese Idee ist nicht neu, sondern sie wurde in der Philosophie und andern Disziplinen schon aufs Unterschiedlichste formuliert. Ich verzichte auf einen umfassenden philosophisch-psychologisch-historischen Rundblick und empfehle stattdessen allen, die den von mir dargestellten Hauptgedanken in seinem großen Zusammenhang erschöpfend(er) genießen wollen, sich mit dem Werk von Ken Wilber zu beschäftigen.

Zunächst möchte ich Ihnen eine Formulierungsversion meines Grundgedankens vorstellen, der hier sein Sprungbrett finden soll:

Nur wenn wir den Kopf frei haben, sind wir intuitions- und kontemplationsfähig. Das heißt, erst dann betreten wir einen Erkenntnisraum, der über das diskursive Verstandesdenken unseres »normalen« Alltagsbewusstseins hinausgeht.

Hier im philosophischen Hinterstübchen werden wir uns mit zwei Hauptpunkten beschäftigen. Erstens damit, wie der Gewinn eines freien Kopfs von den Philosophen Platon, Aristoteles und Heidegger beschrieben wird, und zweitens, was die Unterscheidung zwischen dem Sein und dem Seienden für die theoretische Fundierung unseres Putzerfolgs abwirft.

> ... eigentlich habe ich nur Interesse an dem was ein Genie sagen kann alles übrige ist sowieso da.
>
> GERTRUDE STEIN

Ein freier Kopf und die Philosophie

Wenn wir einen völlig freien Kopf haben, sind wir freilich in einem anderen, geweiteteren Bewusstseinszustand, den zu versprachlichen nicht leicht ist. Unsere Sprache tobt sich nämlich im diskursiven, innerweltlichen Manifestationsbereich aus. Deshalb ist es kein Wunder, wenn von den Erfahrungen jenes kontemplativ zugänglichen Erkenntnisraums immer wieder gesagt wird, sie ließen sich nicht in Worte fassen. So äußerte auch Platon, er habe nie darüber geschrieben, da es ein Erfahrungsraum sei, in den man sich nur hineinleben könne, und erst dann funke es in der Seele. Hierzu ein Zitat aus dem Siebten Brief: »So viel kann ich aber über alle, welche geschrieben haben und noch schreiben werden, indem sie zu wissen behaupten, worauf mein Bestreben gerichtet ist, ... sagen, daß sie meiner Meinung nach nichts von der Sache verstehen. Von mir selbst wenigstens gibt es keine Schrift über diese Gegenstände ... läßt es sich doch in keiner Weise, wie andere Kenntnisse, in Worte fassen, sondern indem es, vermöge der langen Beschäftigung mit dem Gegenstande und dem Sichhineinleben, wie ein durch einen abspringenden Feuerfunken plötzlich entzündetes Licht in der Seele sich erzeugt und dann durch sich selbst Nahrung erhält.«[43]

Dieses spannende Es, über das zu schreiben Platon sich geweigert hat und das sich in der Seele wie durch einen abspringenden Feuerfunken erzeugt, ist ein besonderes Erleben oder Glück, welches uns ein freier Kopf beschert. Platon spricht zwar nicht vom freien oder unfreien Kopf, sondern vom Denkorgan, das von Bleigewichten beschwert, keinen Zugang zum Wahren habe. Er unterscheidet zwischen der WELT DES WAHREN, ABSOLUTEN und des GUTEN einerseits und der relativen WELT DES WERDENS andererseits. In Platons Werk heißt es: »Wenn nun dieses Denkorgan ... gleich von Kindheit an ... jener Bleigewichte entledigt würde, die der Welt des Werdens zugehören, ... dann würde dieses gleiche Organ ... auch jene höhere Welt aufs Schärfste erkennen, ebenso scharf wie die niedere Welt, der sie jetzt zugewendet ist.«[44]

Die »Bleigewichte« stehen für das, was ich »Schmutzfilm« nenne. Platons methodische Anregungen, wie wir aus der Welt des Werdens heraus zum Guten, Wahren, Absoluten gelangen können, sind eher etwas für Geübte. Wären sie leichter umzusetzen, genössen wir alle bereits die Freiheit außerhalb unserer Alltagsverstrickungen und Kopfverdreckungen. Dann wäre auch dieses Putzbuch überflüssig. Trotzdem sei auch den Ungeübten Platons »Trick« zum Zugang zur »höheren« Welt nicht vorenthalten: Es geht darum, die geistige Kraft in der Seele rumzudrehen, aus der Welt des Werdens herauszutreten (= Kopf frei) und zwar vollständig: Die geistige Kraft soll die Seele gleichsam mitreißen.

Es bedarf auch nach Aristoteles einer ganz bestimmten Lebensweise, um sich den Zugang zum Eigentlichen, zum freien Kopf zu verschaffen. Aristoteles unterscheidet drei Lebensformen: erstens das Leben des Genusses, dem die Mehrzahl der Menschen zugetan ist, zweitens die politische und drittens die betrachtende Lebensform. Die ersten beiden können uns laut Aristoteles nicht glückselig machen, weil sie im Banne des Lustgewinns und der Anhäufung von Ehre stehen. Mit dem platten Lustgewinn werfen wir jedoch nicht die besten unserer menschlichen Möglichkeiten in die Waagschale der Glückssuche, weil wir sie mit dem Tier teilen. Und die Ehre erstreben wir nur teilweise um ihrer selbst willen. Zum Knüller menschlichen Strebens kann nur das gehören, was erstens ganz und gar um seiner selbst willen gewollt wird – das ist die Glückseligkeit – und was zweitens des Menschen allerbeste Möglichkeiten zum Einsatz kommen lässt – das ist nach Aristoteles ein ganz bestimmter Gebrauch der Vernunft, wie er besonders in der betrachtenden Lebensform zum Zuge kommt.[45]

Wie für Platon so ist auch für Aristoteles ein bestimmter Umgang mit unserem Bewusstsein, mit dem, womit sich unser Denken beschäftigt, Voraussetzung für ein glückseliges Leben. So hat er unsere mentalen und emotionalen Verhaftungen im Blick, wenn er deutlich macht, dass ein Leben, das an Genussmaximierung und Erfolgsstreben klebt, nicht förderlich ist, um uns einer unverstrickten, einem freien Kopf entspringenden Glückseligkeit näher zu bringen.

Der Philosoph Martin Heidegger drückt den hier verfolgten Gedanken in seiner eigenwilligen Sprache so aus: »... das Auszeichnende des Menschen beruht darin, dass er als das denkende Wesen, offen dem Sein, vor dieses gestellt ist, auf das Sein bezogen bleibt und ihm so entspricht ... Dieses vorwaltende Zusammengehören von Mensch und Sein verkennen wir hartnäckig ... Wir kehren noch nicht in das Zusammengehören ein.«[46]

Diese Aussage stellt einen weiteren Blickwinkel unseres Themas dar und ist kristallklar, wenn wir wissen, dass Heidegger zwei Weisen des Denkens unterscheidet: erstens das VORSTELLENDE DENKEN, im Sinne von Inhalte im Kopf haben, zweitens

das NICHTS MEHR VORSTELLENDE DENKEN, das inhaltslos innehält bei dem, was ist. Gelingt dem Menschen diese zweite Form des Denkens, so ist er unmittelbar im Sein und mit sich identisch. Diese Identität vermasseln wir uns ständig, indem wir das Zusammengehören von Mensch und Sein verhindern. Und das tun wir, so Heidegger, indem wir uns im »Ge-Stell« verheddern. Mit »Ge-Stell« meint er, dass der Mensch in alltägliche Herausforderungen gestellt ist und sich leider in die Knechtschaft dieser Herausforderungen verbeißt. Genau dadurch vereitelt er seine Identität, die nichts anderes als das Einkehren in das Zusammengehören von Mensch und Sein ist.
Wir wollen wissen, wie diese Einkehr gelingen kann. Heidegger benennt eine Methode, die ebenfalls nur etwas für Geübte zu sein scheint. Er formuliert: »Wie aber kommt es zu einer solchen Einkehr? Dadurch, dass wir uns von der Haltung des vorstellenden Denkens absetzen. Dieses Sichabsetzen ist ein Satz im Sinne eines Sprunges.«[47]
Wir sehen, es geht auch hier um denselben Grundg0edanken: Das vorstellende Denken ist im sportlichen Sprung zu verlassen. Dies ist nach Heidegger ein Denken, das die eigentliche Tiefe oder Höhe oder das eigentliche Sein des Menschen zustellt bzw. verdreckt. Das uneigentliche Vorstellen verliert sich geschäftig im Alltag. Die explizite Verbindung zur hier eingeführten Begrifflichkeit ist: Das sich im Alltag verbeißende, uneigentliche Vorstellen entspricht dem Dreck, der sich auf unserer Hirnplatte absetzt und verhindert, dass wir den Kopf frei haben.
So weit, so fast noch einfach! Die Kernaussage der aufgeführten Philosophen ist: Wenn wir mit unserem Bewusstsein anders umgehen, indem wir die Bleigewichte (Platon) entfernen oder uns der inhaltslosen, betrachtenden Kontemplation hingeben (Aristoteles) oder das vorstellende Denken zugunsten des nichts mehr vorstellenden Denkens aufgeben (Heidegger), dann landen wir im besten Fall nicht nur im Glück, sondern sogar in der Glückseligkeit. Um diesen Landeplatz noch besser erkennen zu können, nähern wir uns der Unterscheidung zwischen dem Sein und dem Seienden.

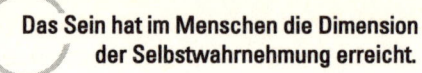

> Das Sein hat im Menschen die Dimension
> der Selbstwahrnehmung erreicht.
>
> RÜDIGER SAFRANSKI

Das Sein und das Seiende

Jeder wird mit mehr oder weniger Eindeutigkeit bestimmen können, was er unter Glück versteht. Je konkreter die jeweiligen Glücksvorstellungen sind, umso verschiedener sind sie gewiss auch. Hingegen wird eine abstrakte Glücksdefinition mehr Allgemeingültigkeit haben. Eine derart abstrakte Definition möchte ich Ihnen vorlegen:

> *Glück bedeutet in erster Linie, ein fröhliches Herz und ein heiteres Gemüt zu haben oder, salopp formuliert, gut drauf zu sein. In zweiter Linie gehören die entsprechend günstigen Umstände zum Glück.*

Und was hat das alles mit dem Sein oder gar mit dem Unterschied zwischen dem Sein und dem Seienden zu tun?
Es ist im Grunde ganz einfach und läuft auf die spannende Feststellung hinaus, dass wir in einem glücklichen Zustand die Wesensmerkmale des Seins erleben können; im unglücklichen Zustand hingegen finden wir eher die Wesensmerkmale des Seienden in uns. Damit erhält unser Streben nach Glück oder einem freien Kopf eine ganz besondere Sinntiefe, die weit über alles (nur) Lustvolle hinausgeht. Eine noch abstraktere Glücksdefinition lautet dann so:

> *Glücklich sind wir, wenn wir dank eines freien Kopfes mit dem Sein identisch sind, anstatt am Seienden zu haften.*

Wenn wir verstehen, dass ein freier Kopf nicht nur ein nettes Willkürmerkmal unserer Glücksempfindungen, sondern dass er das Merkmal schlechthin ist, dass wir mit ihm tatsächlich ein ganz anderes Bewusstseinsterrain betreten, dann führt unsere Putztournee zu viel mehr als lediglich zur Beschaffung

oberflächlichen Glücks. Sie entpuppt sich als eine Reise, auf der wir sogar eigentlichen Sinn, Tiefe und Glückseligkeit erleben können. Mit anderen Worten: Das Hauptgeschenk unserer Putzbemühungen soll hier im Hinterstübchen der qualmenden Köpfe verständlich gemacht werden.
Beginnen wir mit der philosophischen Grundunterscheidung zwischen dem Sein und dem Seienden. Das Seiende ist das Mannigfaltige, während das Sein als Inbegriff alles Seienden dieses »durchzieht« und das in allem Seienden Identische ist. Wir können locker eine Kartoffel, eine Plastikschüssel oder einen Affen in die Hand nehmen, aber nicht deren Sein. Das Sein geht über das jeweilige Seiende hinaus; es ist gewissermaßen der Ermöglichungsgrund des Seienden. So versteht Nicolai Hartmann unter dem Sein nichts Abgeleitetes oder Vergängliches, sondern ein Letztes: »Sein ist ein Letztes, nach dem sich fragen lässt. Ein Letztes ist niemals definierbar. Definieren kann man nur auf Grund eines andern, das hinter dem Gesuchten steht. Ein Letztes aber ist ein solches, hinter dem nichts steht.«[48]
Sind wir mit diesem Letzten, eben dem Sein, identisch, dann sind wir in einer grenzenlosen, offenen Weite, die sich jenseits aller Verhaftungen in einer Objektwelt – eben der des Seienden – auftut.
Diese Grundunterscheidung zwischen dem Sein und dem Seienden können wir noch leichter und präziser verstehen, wenn wir die Wesensmerkmale beider einander gegenüberstellen. Eine solche Gegenüberstellung wird aufregend, wenn wir den philosophischen Untergrund, auf dem unsere Putzwege gedeihen, zu diesen Wegen in Beziehung setzen. Dann wird verständlich werden, was Sie vielleicht schon gespürt haben, dass es nämlich genau die Wesensmerkmale des Seins sind, die wir in unterschiedlichen Graden erfahren, wenn wir die diversen Wischaktionen erfolgreich durchgezogen und da-

mit den Kopf frei haben. Folgende Relation erleben wir: Je freier unser Kopf ist, umso weniger sind wir in die Umstände verstrickt.
So wie Platon das Absolute vom Relativen, so unterscheidet Kant das transzendentale Ich vom empirischen, Heidegger das inhaltslose vom vorstellenden Denken, und analog ziehen sich im östlichen Kulturkreis Gegensatzpaare, wie Karma und Nirwana, durch das Denken, welche Sein und Seiendes charakterisieren. Streben wir nach einem freien Kopf und Herzen, so tun wir es im Interesse unseres Glücks. Im östlichen Denken erfolgt das gleiche Streben im Interesse einer ganz grundlegenden Befreiung, gar Erlösung des Menschen. Dort ist der Weg zum FREIEN KOPF, das heißt im Endeffekt zur FREIHEIT selbst oder zum voraussetzungslosen Bewusstsein, Herzstück aller Philosophie und Religion. In allen spirituellen Disziplinen, vom Yoga bis zum Zenbuddhismus, geht es um die Befreiung von jeglicher VERSTRICKUNG. Solange wir in der Verstrickung sind, beutelt uns unser KARMA, also via Wiederholungszwang aktiviertes SCHICKSAL. Wir sind somit im Vergeltungstheater, im Denken von Schuld und Unschuld, von Recht und Unrecht, von diesem und jenem. Das NIRWANA ist das Ziel des Buddhisten. Es bedeutet: Befreiung vom Karma, was ein unbegreiflicher Zustand der Seligkeit ist.
In Platons Sprache ist diese Seligkeit Erlebnis des BLEIFREIEN GEISTES. Und der Zen-Meister Nanquan formuliert: »Das gewöhnliche Bewusstsein ist der Weg.« Unter dem »gewöhnlichen Bewusstsein« versteht er, wie Ken Wilber ausführt, den Geist in seiner schlichten UNMITTELBARKEIT, bevor er auf irgendetwas aus ist, bevor DUALITÄT entsteht.[49] »Bevor der Geist auf irgendetwas aus ist« heißt: bevor er sich festgebissen hat, bevor er eingestiegen und IDENTIFIZIERT ist. Das Wort »gewöhnlich« ist im Sinne von schlicht, einfach, bleifrei gebraucht, also unverschmutzt, unidentifiziert, geputzt. Nach Nanquan ist dieses Bewusstsein das Gewöhnliche, worin auch die Bedeutungskomponente »das Natürliche« mitschwingt.
In ähnlichem Sinne schreibt Stanislaw Jerzy Lec: »Die Welt

ist ... ungeeignet für normale und sehr wohl geeignet für normalisierte Menschen.«[50]
Gerettet wären wir, wenn wir in diesem Sinne normal wären. »Normal« ließe sich hier auch im Sinne von einfach und einfältig deuten, was uns an die Aufforderung »Werdet wie die Kinder« denken lässt. Meister Eckehart sieht in der Einfachheit ebenfalls einen unbelasteten freien Kopf. In seiner eigenwilligen Sprache lautet es: »... solange deine Seele geistförmig ist, solange hat sie Bilder. Solange sie aber Bilder hat, solange hat sie Vermittelndes; solange sie Vermittelndes hat, solange hat sie nicht Einheit noch Einfachheit ... Daher soll deine Seele allen Geistes bar sein, soll geistlos dastehen.«[51]
Die Glücksmöglichkeiten der Seele, wenn wir nicht gedanklich verhaftet sind, bringt Stanislaw Jerzy Lec burschikos zum Ausdruck: »Es ist nicht ausgeschlossen, zwischen dem einen Gedanken und dem andern – glücklich zu sein.«[52]
Cioran denkt in dieselbe Richtung, wenn er schreibt: »Das Paradies war der Ort, wo man alles wusste, aber nichts erklärte. Die Welt vor dem Sündenfall, vor dem Kommentar ...«[53]
Ständige Erklärungen und permanente Kommentare nageln uns übermäßig an den Verstand, wodurch uns das Paradies und in gewissem Sinne auch die Wirklichkeit jenseits unserer Kommentierlust verloren gehen.
Immer wieder landen wir an derselben Stelle. Nämlich dort, wo es eine Wirklichkeit jenseits unserer vertrauten, verbleiten Welt gibt. Wenn uns der Heideggersche Segenssprung in den Abgrund des inhaltsfreien Vorstellens nicht glückt, weil wir penetrant an unserem Schmutzfilm als der einzig gewissen, da ja von Kindheit an verbürgten Realität festhalten, dann können wir den Sprung auch noch in Form von kleinen Schritten vorbereiten. So, wenn wir den Rat Stanislaw Jerzy Lecs befolgen: »Lernt Sprachen! Auch die nicht vorhandenen.«[54]
Damit es uns leichter fällt, nicht vorhandene Sprachen zu lernen, betrachten wir nun eine Liste, in der die Wesensmerkmale des Seins und des Seienden thematisch zusammengefasst sind. Es werden auch Wesensmerkmale berücksichtigt, die in anderen Kapiteln explizit zur Sprache gebracht wurden.

Wesensmerkmale des Seins	Wesensmerkmale des Seienden
1. ungetrübtes Gewahrsein inhaltsfreies Denken voraussetzungsloses Bewusstsein klares Weltauge, rein erkennendes Subjekt	Heimkino, Schmutzfilm vorstellendes Denken hermeneutische Falle Ego, persönliche Interessen
2. umfassendes Erleben	egozentrische Perspektive
3. Freiheit (= freier Kopf)	Verstrickung
4. Verbundensein Unmittelbarkeit, bleifreier Geist	Getrenntsein Dualität, Identifikation
5. Nirwana, Seligkeit	Karma, Schicksal
6. Zeitlosigkeit	Vergänglichkeit
7. transzendentales Ich Selbst, Zeuge	empirisches Ich individuelles Ich, Person
8. das Wesentliche, Bleibende das Absolute	Erscheinungen das Relative

Ausblick

> Um klar zu sehen, genügt ein Wechsel der Blickrichtung.
>
> Antoine de Saint-Exupéry

Wie Ken Wilber umfassend erarbeitet hat, ist Evolution ein Entfaltungsprozess unseres Bewusstseins, wobei jede fortgeschrittenere Stufe eine Erweiterung unseres Blickwinkels bedeutet. Wenn wir ausloten wollen, wo wir derzeit kollektiv stehen, brauchen wir nur die Hauptgrenzen unseres Bewusstseins zu betrachten. Dann stellen wir fest, dass wir hauptsächlich in einem identifizierten, das heißt persönlich nehmenden, einsteigenden, vorverständnisbedingten, deshalb interpretierenden und somit befangenen Bewusstsein leben. Eben den Kopf nicht frei haben. Genau das macht den Radius unseres Unglücks aus. Deshalb ist der Umstieg in einen freien Kopf, in ein weniger identifiziertes Bewusstsein, die Gleitschiene zum Glück.

Anliegen aller angeführten Putzwege ist es, diese Identifikation zu lockern, um so den Spielverderbern unseres Glücks die Landefläche zu entziehen. Das erreichen wir, wenn wir uns dem Sein immer mehr nähern und uns aus der Verstrickung mit dem Seienden lösen. Das Sein überflutet uns mit Glückseligkeit, sobald alle Bleigewichte weggelegt sind; nicht mehr als einzelner kleiner Glücksstrahl durch das Nadelöhr unseres Verstandes, sondern als jubeliger Vollglanz eines freien Kopfes, der das gesamte Nähzeug weggelegt hat. Sein und Glück als Synonyme! Im versprochenen Verifikationsbonbon soll die Nähe von Sein und Glück belegt werden.

Der aufregende Zusatzgewinn auf unserer doppelspurigen

Putztournee zum Glück liegt also darin, dass uns mit der Bemühung um einen freien Kopf gleichsam auch noch das ganze Sein beschert wird. Das können wir ganz leicht verifizieren, indem wir den entwickelten Merkmalkatalog zu unserem Erleben in Beziehung setzen. Dabei werden wir feststellen, dass wir bei erfolgreichem Kopffreiputz mehr Sein einheimsen, als wenn wir mit erfolglosem Bleikopf vorwiegend auf der Seite des Seienden strudeln.

Mein Grundgedanke lautet als Formel so:

Formel: **Je tiefer wir uns auf die hier beschriebenen Wege einlassen, umso mehr nähern wir uns dem Sein, umso glücklicher sind wir und umso deutlicher schlagen sich die Wesensmerkmale des Seins in unserem Erleben nieder.**

Um diesen Grundgedanken zu verifizieren, werde ich die im letzten Kapitel aufgeführte Liste mit den Wesensmerkmalen des Seins und Seienden zugrunde legen, um sie zum Weg des Liebens in Beziehung zu setzen. Nun überprüfen wir Punkt für Punkt, inwiefern uns ein virusfreies Liebesgefühl die Wesensmerkmale des Seins erleben lässt.

Wesensmerkmale des Seins	Wesensmerkmale des Seienden
1. ungetrübtes Gewahrsein inhaltsfreies Denken voraussetzungsloses Bewusstsein klares Weltauge, rein erkennendes Subjekt	Heimkino, Schmutzfilm vorstellendes Denken hermeneutische Falle Ego, persönliche Interessen

Wenn wir lieben und solange wir im Liebesgefühl sind, ist unser DENKEN in der Tat ziemlich INHALTSFREI. Wir lassen das Geliebte so, wie es ist, wir sehen und erleben es in seinem unfrisierten Sosein (VORAUSSETZUNGSLOSES BEWUSSTSEIN, UNGETRÜBTES GEWAHRSEIN, KLARES WELTAUGE). Wenn wir genau in uns hineinspüren, dann können wir dieses pure Wahrnehmen des Liebens sehr gut unterscheiden von der rosaroten Verklärungsbrille, mit der wir das Geliebte projizierend auf ein Podest heben. Durch diesen Verherrlichungsblick rutschen wir bereits wieder auf die Seite des Seienden: Wir stellen uns beispielsweise vor, wie das Objekt unserer Liebe sei oder zu sein habe, wir interpretieren (HERMENEUTISCHE FALLE) und sind von PERSÖNLICHEN, oft virulenten INTERESSEN bewegt.

Wesensmerkmal des Seins	Wesensmerkmal des Seienden
2. umfassendes Erleben	egozentrische Perspektive

Im bedingungslosen Liebesgefühl transzendieren wir die EGOZENTRISCHE PERSPEKTIVE und spüren, wie unser Erleben viel weiter und größer wird, als es in der Blickwinkelverhaftung war.

Wesensmerkmal des Seins	Wesensmerkmal des Seienden
3. Freiheit (= freier Kopf)	Verstrickung

So landen wir auch ganz automatisch in einer größeren FREIHEIT – eben weil wir nicht mehr so sehr in unseren eigenen Belangen hängen –, zumindest solange das Liebesgefühl andauert. Wegen der Freudengipfel, die mit dieser Freiheit, der erweiterten Perspektive und dem Liebesgefühl einhergehen, glauben wir, dieses Glückspaket ginge vom Geliebten aus ... und schon nähern wir uns der Gefahrenzone, genannt: Bedingungen stellen und VERSTRICKUNG; zum Beispiel nach dem Motto: »Bleib immer so, wie du jetzt bist.«

Wesensmerkmale des Seins	Wesensmerkmale des Seienden
4. Verbundensein	Getrenntsein
Unmittelbarkeit, bleifreier Geist	Dualität, Identifikation

Genau dadurch werden wir jedoch aus dem VERBUNDENSEIN herausgerissen, und das Geliebte wird zum andern, von dem wir getrennt sind. Es ist dann nicht mehr unmittelbarer Erlebnisbestandteil unseres Herzens, sondern als anderes macht es uns wieder die DUALITÄT, die auf der Seite des Seienden vorwaltet, spürbar. Das Kostbare am Liebesgefühl ist ja gerade, dass es unser GETRENNTSEIN aufhebt.

Wesensmerkmale des Seins	Wesensmerkmale des Seienden
5. Nirwana, Seligkeit	Karma, Schicksal

Wenn wir mit dem Leben derart verbunden sind, dann sind wir im existentiellen Sinne geborgen und erfahren äußerstenfalls eine NIRWANÖSE Seligkeit, die sogar SCHICKSALSSCHLÄGE langweilig machen könnte. Diese dringen dann bis zu unserem Innersten, das durch fröhliche Liebesimmunität geschützt ist, nicht mehr vor. In der Seligkeit können wir uns einfach nicht mehr mit Ängsten, Tod und Schrecken identifizieren. Es ist, als sänken sie in ihrem ontologischen Status ab, und es fühlt sich so an, als hätten sie einen geringeren Realitätsgehalt.

Wesensmerkmal des Seins	Wesensmerkmal des Seienden
6. Zeitlosigkeit	Vergänglichkeit

Wir erinnern uns an das Fazit im letzten Kapitel: »Je mehr unsere Liebe umfasst, umso weniger Angst haben wir.« So kann sogar letztlich unsere Basisangst, nämlich die Angst vor dem Tod, ausgehungert werden. Und genau dadurch verliert die VERGÄNGLICHKEIT ihren Stachel. Im puren, bleifreien Liebesgefühl sind wir in der ZEITLOSIGKEIT. Zeit und Vergänglichkeit haben einfach keine Kraft mehr. Kein Wunder also, dass sich im unidentifizierten Lieben alle Bedenken und Bedingungen auflösen.

Wesensmerkmale des Seins	Wesensmerkmale des Seienden
7. transzendentales Ich	empirisches Ich
Selbst, Zeuge	individuelles Ich, Person

Anders formuliert: Solange wir Bedingungen stellen, sind wir mit der egozentrischen Perspektive identifiziert. Unser Erleben schrumpft auf das des EMPIRISCHEN ICHS oder der INDIVIDUELLEN PERSON. Diese Enge löst sich sofort auf, wenn wir bedingungslos lieben – einerlei welches Alter, welche Hautfarbe oder Religionszugehörigkeit der andere hat –, wir lieben, weil wir lieben. Die Unverstricktheit dieses Liebens lässt uns den souveränen Abstand spüren, der für das TRANSZENDENTALE ICH, das Selbst oder den Zeugen typisch ist.

Wesensmerkmale des Seins	Wesensmerkmale des Seienden
8. das Wesentliche, Bleibende	Erscheinungen
das Absolute	das Relative

Wenn wir genau in uns hineinspüren, dann stellen wir fest, dass wir im puren Liebesgefühl nicht an den äußeren ERSCHEINUNGEN kleben, sondern mehr mit der Innenseite des Geliebten, also mit dem Wesentlichen, verbunden sind. Die Entfremdung, die durch den starren Blick auf das Äußere und damit auf DAS RELATIVE verursacht wird, wird offenbar, wenn wir beim Kranken nur das kranke Organ und nicht mehr den ganzen Menschen mit seiner Seele sehen. Dann liegt auf Zimmer vier nur noch der Schädelbasisbruch und nicht mehr Herr Schnösel. Im außengedrehten Blick auf die Vorder- und Oberflächen geht uns DAS ABSOLUTE durch die Lappen und die Liebe kommt abhanden.

Ich hoffe, dass dieser Spaziergang durch die acht Wesensmerkmalbereiche dazu beigetragen hat aufzuzeigen, dass wir uns auf dem siebten Weg tatsächlich dem Sein nähern. Wenn Sie

Lust haben, können Sie auch die anderen Wege anhand dieser acht Punkte auf ihre Zubringerqualität zum Sein hin überprüfen. Ich bin davon überzeugt, dass unser Kopf auf den Wegen zum Sein immer freier wird und wir so immer mehr in eine uns befreiende Innendrehung gelangen. So kann sich dann auch in unserem Erleben folgender Satz von Ken Wilber bewahrheiten: »Der Weg zur letzten Wirklichkeit ist nicht äußerlich, sondern innerlich.«[55]

Wenn uns die Relativität der Außendrehung nicht mehr beeinträchtigt, wenn wir von der Glücks- und Pechschaukel nicht mehr rauf- und runterbewegt werden, wenn also unsere Hirnplatte blitzblank geputzt ist,
- dann hängen wir nicht mehr grübel-, nörgel-, sörgel-, trübelverklebt an unserem Ichlein,
- dann investieren wir keine Energie mehr in Verletzungen,
- dann zieht sich bei Angriffen unser Ich nicht mehr zusammen,
- dann braucht es wirklich keine Wiedergutmachung mehr,
- dann treffen uns Vergänglichkeit und Gemeinheit im Tiefsten nicht mehr,
- dann haben wir uns endlich verlassen,
- dann ist endlich, was sowieso ist,
- und dann ist's ganz leicht, folgendes Gedicht von J.R. Jiménez zu verstehen:

> MEIN HERZ IST NUN SO REIN,
> dass es gleichviel zählt, ob es stirbt
> oder singt.
>
> Es kann das Buch des Lebens füllen
> oder das Buch des Todes.
> Beide sind unbeschrieben für mein Herz,
> das denkt und träumt.
>
> Gleichviel Ewigkeit wird es in beiden finden.
> Herz, es zählt gleichviel: stirb oder singe.[56]

Ich wünsche uns, dass unsere Köpfe und Herzen immer freier werden, damit sich die Landefläche für das Wesentliche, das Schöne, das Lustige, das Wahre, das Neue, das Huldreiche, das Gute, das Sein und unser Glück immer mehr vergrößert.

Anmerkungen

1 Dieses Symbol verweist auf die Seiten, die sich ausführlich mit dem jeweiligen Spielverderber des Glücks befassen.
2 Alle Spielverderber des Glücks, die mit diesem * Symbol gekennzeichnet sind, werden auch in Ute Lauterbachs Buch *Ganz und Anders*, Lüchow Verlag, Freiburg, unter die Lupe genommen.
3 Bitte nicht von der selten auftauchenden anderen Schrift, in der manche Begriffe gedruckt sind, irritieren lassen. Sie werden im »philosophischen Hinterstübchen« als Wesenmerkmale des Seienden und des Seins ausgewiesen.
4 Charlotte Joko Beck, *Zen*, Droemersche Verlagsanstalt, München 1996, S. 16
5 Ib., S. 18.
6 Wichtige Zusatzangeln werden auf den Tonträgern *Wut als Glücksbringer* und *Endlich schuldig – endlich frei* vorgestellt.
7 Stanislaw Jerzy Lec, *Sämtliche unfrisierte Gedanken*, Zweitausendeins, Frankfurt am Main 1997, S. 270
8 Rainer Maria Rilke, *Briefe an einen jungen Dichter*, Insel-Bücherei, Frankfurt am Main, Nr. 406, S. 12
9 Begriffserläuterung folgt bald.
10 Daisetz T. Suzuki, *Koan – Der Sprung ins Grenzenlose*, Otto Wilhelm Barth Verlag, München 1988
11 Rainer Maria Rilke, *Briefe an einen jungen Dichter*, Insel-Bücherei, Frankfurt am Main 1967, Nr. 406, S. 21
12 Angst und andere unangenehme Seelenzustände lassen sich gut durch die Methode des »Bezeugens« entschärfen, die auf Seite 198 gestreift wird.
13 Hannah Arendt, *Vita activa*, Piper Verlag, München 1967, S. 355
14 Ken Wilber, *Eros, Kosmos, Logos*, Wolfgang Krüger Verlag, Frankfurt am Main 1996, S. 347

15 Friedrich Nietzsche, *Morgenröte*, Insel-Bücherei, Frankfurt am Main 1983, Abschnitt 185
16 zit. nach Hannah Arendt, *Vita activa*, Piper Verlag, München 1967, S. 415
17 Hannah Arendt, *Vita Activa*, Piper Verlag, München 1967, S. 13
18 Ib., S. 13
19 Ib., S. 31
20 Ken Wilber, *Eine kurze Geschichte des Kosmos*, Fischer Verlag, Frankfurt am Main 1997, S. 294f
21 Aristoteles, *Die Nikomachische Ethik*, Artemis Verlag, Zürich 1967, 1178 a 3ff
22 Umfassende Erläuterung auf dem Tonträger *Endlich schuldig – endlich frei*.
23 Hugo von Hofmannsthal, Auszug aus einem Brief
24 Ralph Waldo Emerson, *Selected Prose and Poetry*, hrsg. v. R. Cook, Rinehart, San Francisco 1969, S. 99
25 Der Begriff Selbsterfahrung greift eine übliche Unterscheidung, nämlich die von Ich, Ego, Person einerseits und Selbst andererseits, auf. Das Selbst wird definiert als unverstrickter Persönlichkeitsgrund. Hier wären auch Begriffe wie All-Erfahrung, Transzendenzerleben o.ä. stimmig.
26 Zitiert nach Rüdiger Safranski, *Das Böse*, Fischer Verlag, Frankfurt am Main 1999, S. 61
27 Vgl. zum Beispiel Ken Wilber, *Das Spektrum des Bewusstseins*, Scherz Verlag, München 1987
28 Wenn es weniger glückliche Abschiede gab, so kann es hilfreich sein, sie in der Phantasie umzuspinnen.
29 Sri Nisargadatta Maharaj, *Ich bin*, Teil II, Context Verlag, Bielefeld 1997, S. 72
30 Sri Nisargadatta Maharaj, *Ich bin*, Teil II, Context Verlag, Bielefeld 1997, S. 8f
31 Wer gezielt einige Tage zum Thema »Kopf frei« verbringen möchte, könnte ein entsprechendes Seminar besuchen. Ich biete als Training und zur Vertiefung an: Nur-noch-Seminar, Sommerakademie, Unsinnsseminar, Evolution – ein Entwicklungsprozess des Bewusstseins, Ent-Bildung, Wege zum Sein, Kopf frei – alles frei.

32 E.M. Cioran, *Vom Nachteil, geboren zu sein*, Suhrkamp Verlag, Frankfurt am Main 1979, S. 15
33 Hierzu ist der Vortrag *Wer zuletzt lacht, lacht zu spät* eine nützliche Aufbruchshilfe. Auf Tonträger erhältlich.
34 Wer sich für den philosophischen Hintergrund dieses Kommunikationsmodells interessiert und es einüben möchte, ist herzlich willkommen bei der Sommerakademie im Institut für psychoenergetische Integration. Sie können sich diesen Gedanken auch über Lauterbachs Vortrag *Vom Laberschwall zum Lebenshall* (auf Tonträger beim Institut erhältlich) nähern.
35 Ein sehr lesenswertes und anregendes Buch ist *Die etwas intelligentere Art, sich gegen dumme Sprüche zu wehren* von Barbara Berckhan, Kösel Verlag, München 1998
36 Max Frisch, *Mein Name sei Gantenbein*, suhrkamp taschenbuch, Frankfurt am Main 1975
37 Diese Nähe zum Sein über den Kunstgenuss zu erleben, ist Ziel des Seminars Lyrikrausch, Info: 02681 – 2402
38 G. Friedrich Klenk, *Stimmen der Zeit. Monatsschrift für das Geistesleben der Gegenwart*, Sept. 1951, 148. Band, 76. Jahrgang 1950/51, 12. Heft
39 A. Schopenhauer, 3. Buch: *Die Vorstellung unabhängig vom Satze vom Grunde: die Platonische Idee: das Objekt der Kunst*, Sämtliche Werke I, Brockhaus Verlag, Wiesbaden 1972, S. 218f
40 Oscar Wilde, *Complete Works* (London and Glasgow: Collins, repr. 1976), S. 990
41 Gerald Hüther, *Biologie der Angst*, Sammlung Vandenhoeck, Göttingen 1997, S. 52ff
42 Ib.
43 Platon, *Sämtliche Werke*, 6 Bände, Rowohlt, Reinbek 1957-59
44 Platon, *Der Staat*, Brockhaus Verlag, Wiesbaden 1972, 518
45 Vgl., Aristoteles, *Die Nikomachische Ethik*, bes. 1095b 15ff
46 Martin Heidegger, *Identität und Differenz*, Verlag Günther Neske, Stuttgart 1957, S. 18ff
47 Ib., S. 20
48 Nicolai Hartmann, *Zur Grundlegung der Ontologie*, de Gruyter, Berlin 1948

49 Ken Wilber, *Eros, Kosmos, Logos*, Wolfgang Krüger Verlag, Frankfurt am Main 1996, S. 435
50 Stanislaw Jerzy Lec, *Sämtliche unfrisierte Gedanken*, Zweitausendeins, Frankfurt am Main 1997, S. 67
51 Meister Eckehart, *Deutsche Predigten und Traktate*, Diogenes Taschenbuch, Zürich 1979, S. 355
52 Stanislaw Jerzy Lec, *Sämtliche unfrisierte Gedanken*, Zweitausendeins, Frankfurt am Main 1997, S. 28
53 E.M. Cioran, *Vom Nachteil, geboren zu sein*, Suhrkamp Verlag, Frankfurt am Main 1979
54 Stanislaw Jerzy Lec, *Sämtliche unfrisierte Gedanken*, Zweitausendeins, Frankfurt am Main 1997, S. 16
55 Ken Wilber, *Eros, Kosmos, Logos*, Wolfgang Krüger Verlag, Frankfurt am Main 1996, S. 436
56 Juan Ramón Jiménez, *Herz, stirb oder singe*, Diogenes Verlag, Zürich 1977, S. 79

Die Philosophin

UTE LAUTERBACH

beeindruckt ihr Publikum durch messerscharfen Geist, mitreißenden Humor und darstellerisches Talent. Sie hat die Fähigkeit, schwierigste philosophische Sachverhalte verständlich und für die Praxis verfügbar zu machen. Darüber inaus gelingt es ihr, Schicksal und Projektionen offenzulegen, wodurch der Einzelne oft schlagartig in die Lage versetzt wird, den Befreiungsweg für seine blockierten Energien zu sehen.

Einstens Studienrätin für Philosophie und Englisch, heute Vorträge im In- und Ausland, Veröffentlichungen, Einzel- und Gruppenarbeit zur Problem- und Schmerzbewältigung, philosophische Abhebkurse, Ausbildungsangebot zur psycho-energetischen Integration.

Ute Lauterbach leitet das **Institut für psycho-energetische Integration** in Altenkirchen im Westerwald.

ERLEBEN SIE UTE LAUTERBACH LIVE!

Die jeweils aktuellen Vortrags- und Seminartermine finden Sie im Internet unter www.Ute-Lauterbach.de
oder im aktuellen Jahresprogramm, das Sie ganz zwanglos anfordern können beim

Institut für psycho-energetische Integration

Zum Johannistal 1, D-57610 Altenkirchen
Tel.: +49 (0) 2681 – 24 02, Fax: +49 (0) 2681 – 24 05
e-mail: Info@Ute-Lauterbach.de

Weitere Bücher von Ute Lauterbach:

Gelebtes Leben durch psycho-astrologische Integration,
Alf Lüchow Verlag, Freiburg 1993

Ganz und Anders. Ein Nachschlagewerk zum Heilungsausbruch,
Alf Lüchow Verlag, Freiburg 1996

Tonträger (Kassetten/CDs)

zu folgenden Themen sind ebenfalls beim Institut erhältlich:

1. Wo versteckt sich Gott?
2. Wer zuletzt lacht, lacht zu spät
3. Liebesrausch und Liebeshölle
4. Grundlos glücklich
5. Wut als Glücksbringer
6. Partnerschaft – ein Kampf auf Leben und Tod?
7. »Projektion? Was ist das?«
   Die Zurücknahme von Projektionen
8. Krankheit – das letzte Sprungbrett der Seele?
9. Schicksal fängt in der Familie an
10. Endlich schuldig – endlich frei
11. Der Tod als Denkmal
12. Dornröschens Erleuchtung (nonsense-less talk)
13. Vom Laberschwall zum Lebenshall
14. Rache ist sauer
15. Verliebtheit als Entwicklungschance
16. Astroreise durchs Leben
17. Astrologie und Yoga
18. Superlearning: Schlüsselbegriffe zu den astrologischen Begriffen

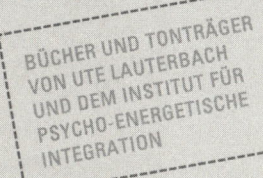

BÜCHER UND TONTRÄGER VON UTE LAUTERBACH UND DEM INSTITUT FÜR PSYCHO-ENERGETISCHE INTEGRATION

Weiteres Angebot

Das Angebot des **Instituts für psycho-energetische Integration** umfasst ferner LaUTErbach-T-Shirts, -Caps und -Handtücher. Näheres im Internet oder beim Institut.

Warum Skandale notwendig sind

Allan Guggenbühl
Wer aus der Reihe tanzt, lebt intensiver
Mut zum persönlichen Skandal
191 Seiten. Kartoniert
ISBN 3-466-30539-X

Haben Sie jemals einen Skandal verursacht? Oder tun Sie immer, was andere Ihnen vorgeben?

Allan Guggenbühl zeigt, dass persönliche Skandale in Beziehungen, im privaten, beruflichen und gesellschaftlichen Umfeld oft einen tieferen Sinn haben, manchmal sogar notwendig sind: Wer den Mut hat, gegen bestehende Normen zu verstoßen und eingefahrene Gleise zu verlassen, spürt neue Lebendigkeit und findet die vielleicht in Vergessenheit geratene Bestimmung des eigenen Lebens wieder.

Kösel online: www.koesel.de; e-mail: service@koesel.de